Zittlau
Buddha für Manager

Jörg Zittlau

Buddha für Manager

Econ

Der Econ Verlag ist ein Unternehmen
der Econ Ullstein List Verlag GmbH & Co. KG, München

1. Auflage 2002

ISBN 3-430-19937-9

Herstellung und Layout: Helga Schörnig
Gesetzt aus der Minion 10,7/13,8 pt
Satz: Leingärtner, Nabburg
Druck und Bindung: Clausen & Bosse, Leck
Printed in Germany

Inhalt

Vorwort

Mit der Gesundheit und dem Wohlbefinden deutscher Manager sieht es nicht gut aus. Laut wissenschaftlichen Erhebungen, die 2001 im »Praxishandbuch Sozial Management« veröffentlicht wurden, leiden 85 Prozent der Führungskräfte an Schlafstörungen, nervösen Magenproblemen oder Herzrhythmusstörungen. Drei von vier Managern haben erhöhte Cholesterinwerte und Rückenbeschwerden, 38 Prozent sind übergewichtig. Als Ursachen für diese alarmierenden Zahlen vermuten Wissenschaftler zu viel Stress und zu viel Arbeit auf der einen, zu wenig Entspannung und zu wenig Stressmanagement auf der anderen Seite.

Zwar werden mittlerweile in diversen Seminaren Entspannungsübungen wie Autogenes Training angeboten, doch längerfristige Erfolge dieser Bemühungen sind selten zu verzeichnen. Der Grund: Manager finden entweder nicht genügend Zeit oder aber sie verlieren einfach die Lust daran, diese Techniken in ihren Alltag zu integrieren. Dazu müssten sie die Einstellung zu sich selbst und der eigenen Arbeit grundsätzlich ändern. Es reicht nicht aus, im Alltag ein oder zwei kurze Ruhepausen einzulegen, wenn der Tagesablauf ansonsten als Kriegsschauplatz empfunden wird, wo an jeder Ecke Feinde und Widerstände lauern. Wer acht bis zwölf Stunden Arbeit und zwei bis vier Stunden Privatleben pro Tag als ermüdenden und aufreibenden Überlebenskampf oder aber als Langeweile und Öde erlebt, kann nicht erwarten, durch 15 bis 20 Minuten »warme und durchflutete Sonnengeflechte« oder »ruhige und regelmäßige Herzschläge« den Kick zu einem erfolgreichen und glücklichen Leben zu finden.

Was wirklich Not tut, ist eine neue Sicht der Dinge. Dafür bietet das Gedankenwerk Buddhas große Chancen, weil man keine besonderen Vorkenntnisse braucht, um sich in ihm zurechtzufinden, und weil es zu den wenigen religiösen und philosophischen Systemen gehört, die nicht dogmatisch an ihren Inhalten festhalten, sondern stets an die unabhängige Urteilskraft des Menschen appellieren.

Das vorliegende Buch soll Managern und solchen, die es werden wollen, einen Einblick in die Lehre Buddhas verschaffen, damit sie ihren Alltag besser bewältigen können. Dabei sind die Begriffe »Manager« und »Buddha« bewusst weit gefasst: Denn Manager sind nicht nur die wenigen Spitzenkräfte, die in den Chefetagen der großen Industrieunternehmen sitzen, sondern auch die Führungskräfte in Kleinbetrieben, Schulen, Kindergärten, Polizeiwachen und Behörden, die ja direkteren Kontakt zu Mitarbeitern und Kunden haben und daher in ihren Managertugenden oft mehr gefordert werden als ihre Kollegen, die 40 Stockwerke über den Straßen thronen. Und in Bezug auf Buddha betonen auch Buddhisten selbst immer wieder, dass sie unter diesem Begriff weniger die historische Figur verstehen, die vor über 2500 Jahren in Asien lebte, sondern vielmehr das Wesen der buddhistischen Lehre. »Buddha ist nicht der Name einer bestimmten Person«, so Robert Thurman, Professor für tibetischen Buddhismus an der amerikanischen Columbia University, »Buddha ist ein Titel, ein Zustand, den wir erreichen können.« Daher beziehe ich mich im Folgenden nicht nur auf das, was Gautama Buddha selbst sagte, sondern auch auf die Schriften der anderen Zentralfiguren dieser traditionsreichen Lehre.

Und noch etwas: Dieses Buch versteht sich wohl im Geist des Buddhismus, es ist jedoch für den »abendländischen« Leser geschrieben. Ich verzichte darauf, in die höheren erkenntnistheoretischen und spirituellen Sphären der buddhistischen Lehre einzudringen, sondern bleibe stets in Kontakt zur alltäglichen Praxis. Es werden immer wieder Beispiele und Übungen eingestreut, damit Sie nicht nur Erbauung, sondern auch konkreten Nutzen aus diesem Buch ziehen können.

In einer Sache verfahre ich jedoch streng buddhistisch. Nämlich darin, die Welt und auch die Buddha-Lehre stets mit einer sanft-humorigen Note zu sehen. Nicht umsonst wurden die großen Köpfe des Buddhismus mit einem Lächeln dargestellt, und auch der Vierzehnte Dalai Lama bezaubert auf seinen strapaziösen Reisen die Menschen mit seinem Lächeln. In den buddhistischen Schriften wird ebenfalls die Rolle des liebevollen Humors betont, weil er nicht nur eine gewisse Form des Nicht-Anhaftens darstellt (einer zentralen Geisteshaltung der buddhistischen Lehre), sondern auch ein Hilfsinstrument auf dem Weg zu Erkenntnis und Erleuchtung ist. Denn eine Prise von sanftem und wohlwollendem (also nicht beißendem und zynischem) Humor nimmt der Wahrheit die Schärfe, sie vermeidet Kränkungen und öffnet die Herzen. Im Unterschied zu Dogmatik und bierernster Lehrmeisterei, die dafür sorgen, dass sich Ohren und Herzen verschließen.

Gautama Buddha sagte einmal dazu:
»Nur solche Rede sei gewählt,
die keine Reue glimmen lässt
und keinen andern kränken kann:
Wer also redet, redet wohl.«

Dem ist an dieser Stelle nichts hinzuzufügen.

1
Was Manager und Buddhisten gemeinsam haben

>>Der Kampf zwischen
Verschiedenheit und Übereinstimmung
führt zur Krankheit
des Geistes.

Im Einen
ist der Geist in Frieden,
und Verwirrung erschöpft sich
von selbst.<<

Seng-ts'an, chinesischer Zen-Buddhist (6. bis 7. Jahrhundert),
>>Hsin-hsin-ming<< (Die Meißelschrift vom Glauben an den Geist)

Auf den ersten Blick stehen sie sich unversöhnlich gegenüber: die Manager und die Buddhisten. Rendite- und karriereorientiert, bewaffnet mit Mobiltelefon und in Lackschuhen die einen; versunken und weltabgewandt, Tee schlürfend und ein >>Om<< auf den Lippen die anderen. Doch derartige Vorstellungen taugen gerade noch als Klischee, denn in Wirklichkeit haben der Manager und der Buddhist viele Gemeinsamkeiten. Schon ein Blick in die Geschichte zeigt, wie eng ihre geistige Verwandtschaft ist.

Vom Buddha in der Managerseele

Betrachten wir zunächst die Seite des Managers. Wer über Manager spricht, muss sich auch mit dem Kapitalismus auseinander setzen. Und wirft man einen Blick auf dessen Wesen, stößt man unter anderem auf Max Weber (1864–1920). Der deutsche Soziologe kam aufgrund seiner Studien zu dem Schluss: Antriebsmotor und Säule des kapitalistischen Denkens ist die innerweltliche Askese. Damit bezeichnete er eine Geisteshaltung, die sich aus dem puritanischen Gedankengut des 17. Jahrhunderts entwickelt hatte, als Gegenbewegung zur dekadenten Prahl- und Verschwendungssucht der damaligen Adelseliten. Ihr Kernsatz lautete: »Müßiggang ist aller Laster Anfang.« Und ihre Kernmoral war das Verwerfen allen Ausruhens auf dem erworbenen Besitz und des Genusses und damit auch der Faulheit und Sinneslust. Mit anderen Worten: Kohle scheffeln galt als gut und von Gott gewollt; als schlecht und von Gott ungewollt galt es hingegen, die gescheffelte Kohle zu horten oder zu verprassen.

Durchaus asketische Ideale also, und weil sie so asketisch waren, konnten sie sich in der Geschichte des Kapitalismus anfangs nicht so recht durchsetzen. Den Kapitalismus prägten lange Zeit cholerische und übergewichtige Firmenchefs, die ihr ganzes Kapital in die Firma steckten, eine Zigarre rauchend im Ledersessel thronten und von dort aus ihre Angestellten auf übelste Weise schikanierten. Doch seit den siebziger Jahren des 20. Jahrhunderts ging es mit dem Boss bergab. Die demokratische Welt erkannte, dass er nur noch zur Abschreckung, nicht aber zur Menschenführung taugte. Außerdem behinderten seine Eitelkeit und Unflexibilität den Fortschritt und – was oft noch schlimmer war – höhere Renditen. Auf diese Weise wurde der traditionelle Firmenboss schließlich zu einer Gefahr für den Kapitalismus, und damit war sein Untergang besiegelt. An seine Stelle trat die junge Managergeneration, und mit ihnen der endgültige Durchbruch der hohen kapitalistischen Asketenkunst.

Die hervorstechenden Eigenschaften des modernen Managers: Er hat – im Gegensatz zu seinen Vorgängern – kein Eigenkapital im Unternehmen stecken, dafür aber viele Ideen; keinen Ledersessel, dafür einen orthopädischen Bürohocker. Seine Mitarbeiter werden nicht geknechtet, sondern in die Entscheidungsprozesse integriert. Er ist leistungsorientiert und verzichtbereit; Geld zu horten ist ihm fremd, Geld zu investieren ist ihm eine Leidenschaft. Ganz wichtig: Der Manager haftet nicht an alten Erfolgen, er ist stets auf der Suche nach Neuem und dem kreativen Kick.

Auch in seiner privaten Lebensführung unterscheidet sich der Manager vom dickwanstigen Altkapitalisten der Vergangenheit. Denn er ist schlank, sportlich, mit makellosem Gebiss und Hochschulbildung. Seine Büroeinrichtung ist karg; anstatt in schwülem Eichenholz arbeitet er in funktionalem Hightech-Ambiente. Seine Brötchen bestreicht er mit cholesterinfreier Margarine, auf seinem täglichen Speiseplan stehen Obst und Gemüse, als Getränke bevorzugt er Mineralwasser und Apfelschorle.

Fazit
Der Manager von heute hat Abschied genommen vom korrupten homo consumens seiner Väter. Er setzt nicht auf Völlerei, Selbstzufriedenheit, Gier und diktatorisches Gehabe, sondern auf Gesundheit, Offenheit, Disziplin und Demokratie. Und diese Tugenden würde auch jeder Buddhist anstreben. Was natürlich nicht verschweigen soll, dass Manager ihre gesundheitlichen Bemühungen oft mit ihrer mangelnden Stress- und Konfliktbewältigung boykottieren und sich damit auch weit vom Lebensstil der Buddhisten entfernen. Doch um diese Lücke zu schließen, ist ja dieses Buch geschrieben worden.

Vom Manager in der Buddha-Seele

Betrachten wir nun die andere Seite des Duos: den Buddhisten. Sein Bild wird hierzulande immer noch von Klischees beherrscht. Man stellt sich ihn als verklärten, kahlköpfigen Asketen vor, der stundenlang in beinbrecherischer Haltung meditieren und schweigen kann. Nur ab und zu unterbricht er die Stille für einen weisen Spruch, den allerdings niemand versteht, weil er aus geistigen Tiefen kommt, die wir als Normalsterbliche nicht einmal erahnen können. Man bewundert den Buddhisten für seine Disziplin und ist durchaus bereit, ihm ein langes und gesundes Leben zu prophezeien, denn Schildkröten bewegen sich ja bekanntlich auch wenig und werden sehr alt dabei. Doch insgesamt hält man sein Dasein eher für freud- und sinnlos – und kategorisiert ihn als Müßiggänger, der entweder keinen Weg zum Leben gefunden oder ihn aus Frust verlassen hat.

Doch die Wahrheit über den Buddhismus sieht anders aus. Er war nie eine weltfremde Religion und ist es auch heute nicht. Die absolute Friedfertigkeit seiner Anhänger hat zwar dazu geführt, dass sie immer wieder zu Vertriebenen wurden, doch wer das Verhalten dieser Vertriebenen genauer betrachtet, stellt fest, dass sie es durchaus verstehen, andere Menschen für ihre Ansichten zu gewinnen. Das Charisma des Dalai Lama beispielsweise wird von den zum Exil verdammten Tibet-Buddhisten ganz bewusst eingesetzt, um Politik zu machen und Einfluss auf maßgebliche Menschen des westlichen Kulturkreises zu nehmen. Mit anderen Worten: Der Buddhismus ist sicherlich keine Lehre, die aggressiv oder mit dem rhetorischen Holzhammer überzeugen will, dennoch wollen auch die Buddhisten überzeugen und ihre Interessen durchsetzen – aber alles mit Charme.

Auch ein Blick auf die zunehmende Anhängerschar des Buddhismus vermittelt keinesfalls den Eindruck, dass man es mit weltentrückten Spinnern zu tun hätte. In den Etagen des Managements ist der Buddhismus schon längst salonfähig, keiner stört sich mehr daran, wenn sich ein Spitzenmanager zur Transzendentalen Meditation zurückzieht. Im Gegenteil: Es wird ihm vielmehr als eine besondere Form der geistigen Reife ausgelegt. Ganz zu schweigen davon, dass nur disziplinierte Menschen meditieren können – und Disziplin ist in den Führungsgremien nach wie vor ein Qualitätsmerkmal.

Die prominenten Anhänger des Buddhismus zählen ebenfalls nicht zu den Ich-will-ja-eigentlich-gar-nicht-Typen. Schauspieler wie Sharon Stone, Richard Gere, Goldie Hawn, Brad Pitt und Harrison Ford sind Spitzenverdiener. In der Musikbranche stellt Buddhistin Tina Turner eine echte Ausnahmekünstlerin dar und ihr Bühnen-Outfit erinnert auch nicht unbedingt an ein keusches Mönchsgewand.

Kommen wir schließlich zum Kernstück des Buddhismus, der Meditation. Auch hier drängt sich zunächst der Eindruck auf, dass sie vom Leben wegführt. Man betrachte nur die Bilder von meditierenden Yogis und Einsiedlern. Sie scheinen auf den ersten Blick so ganz und gar nicht im

Diesseits zu kauern. Verstärkt wird der Eindruck durch die Attribute, mit denen die Meditation hierzulande belegt wird. Da ist stets von »Entspannung«, »Abschalten« und »Raus aus dem Alltagsstress« die Rede – als ob man sich mithilfe von Meditation wie auf Knopfdruck aus dem üblen Diesseits in eine bessere Welt katapultieren könnte, in der alle Sorgen von einem abfallen.

Die Wahrheit ist jedoch: Buddhistische Meditation führt uns mitten ins Herz des Lebens, sie lässt uns empfinden, wie die Welt wirklich ist – ungeschminkt und objektiv. In der Meditation lassen wir all die Schleier hinter uns, die uns den Blick auf das Wesentliche vernebeln: Vorurteile, Begriffe, geschichtliche Hintergründe, Leidenschaften und alles andere, was die Dinge und uns in irgendwelche angeblichen Zusammenhänge oder Differenzen zwingt. Mit anderen Worten: Meditieren reißt uns nicht aus der Welt heraus, sondern stürzt uns geradezu mitten in sie hinein, indem es nämlich all das auflöst, was bis dahin verhinderte, dass die Welt und wir zu einer untrennbaren Einheit zusammenwachsen konnten.

Die Buddhisten selbst haben immer wieder betont, dass dieses Einswerden mit der Welt nicht nur philosophisch oder erkenntnistheoretisch gemeint ist, sondern auch gesellschaftlich, in Bezug auf die Menschen, mit denen wir leben. »Meditation ist nicht Absonderung von der Gesellschaft, nicht Flucht vor der Gesellschaft«, erklärt Thich Nhat Hanh, Zen-Meister und während des Vietnamkriegs Leiter der Friedensdelegation vietnamesischer Buddhisten, »sondern Vorbereitung auf den wirklichen Eintritt in die Gesellschaft.« Und er entspricht damit den Grundlehren des Zen, denn auch dieser, für seine radikalen Ansichten bekannte Zweig des Buddhismus sieht keinen Widerspruch darin, dass der Mensch ganz und gar am gegenwärtigen Leben teilnimmt und jede Form der Zurückgezogenheit meiden soll. Zen-Lehrer lassen deshalb auch mit offenen Augen meditieren. Der Blick bleibt dadurch frei und auf das Leben gerichtet. Durch das Meditieren verliert sich der Meditierende aber nicht in den Irritationen, die sonst auf unser Bewusstsein einprasseln. Oder um es in der typischen Bildersprache Buddhas zu sagen: Der Meditierende schaut mit einem aufmerksamen, aber auf nichts konzentrierten Blick, als wäre der Blick ein Wasserstrom, der vom Auge wegfließt und sich über die Gegenstände im Gesichtsfeld ausbreitet. Eine Melange also von höchster Aufmerksamkeit und absoluter Konzentrationslosigkeit. Ich werde noch darauf zu sprechen kommen, wie dies überhaupt möglich ist.

Im Prinzip ist es jedoch gleichgültig, ob man mit offenen oder geschlossenen Augen meditiert (sieht man einmal davon ab, dass man mit offenem Visier weniger Gefahr läuft einzuschlafen!). Entscheidend ist vielmehr, dass buddhistische Meditation keine Form der Entweltlichung ist, sondern eine besondere Variante, sich mitten ins

Getümmel des Lebens zu werfen. Eine leise und unscheinbare Variante zwar, aber dennoch mit dem Ziel, die Welt zu verstehen und an ihr teilzuhaben, aktiv und mit ganzer Kraft. Und diese Tugenden würde auch jeder Manager auf seine Fahne schreiben.

2
Was der Manager von Buddha lernen kann

»Wer nicht gehört, nichts versteht,
Der altert nur nach Ochsenart:
Sein Bauch wächst immer mehr und mehr,
Doch seine Einsicht wachset nicht.«

Gautama Buddha, »Dhammapada« (Pfad der Wahrheit)

Bei allen Gemeinsamkeiten zwischen Managern und Buddhisten gibt es natürlich auch große Unterschiede. Und diese Unterschiede liegen keinesfalls in den äußeren Attributen, wie viele Menschen glauben. Denn prinzipiell spricht nichts dagegen, dass ein Buddhist ein Handy besitzt, im Internet surft, Krawatten trägt, sich im Fitnessstudio betätigt, Aktien kauft und Profite macht. Entscheidend ist nicht, wie ein Mensch aussieht oder was er tut, sondern welche Einstellung er hat. »Ändere deine innere Einstellung, aber lass deine äußere Erscheinung, wie sie ist«, heißt es in zahlreichen Textstellen der buddhistischen Literatur, die sich mit Bewusstseinstraining befassen. Und dies bedeutet: Man muss nicht den Zweireiher gegen die orangefarbene Kutte tauschen und auch nicht das Kopfhaar abrasieren oder in meditativer Versenkung die Körnchen der Raufasertapete zählen, um vom Buddhismus zu profitieren. Der innere Wandel ist es, der zählt.

Erfolg: Auch eine Sache des Karmas

In einem Psychologie-Seminar hatte ich einmal einen Studenten und eine Studentin, die beide nebenbei in einer Kneipe jobbten. Er war sehr ehrgeizig und fleißig, und auch in der Kneipe setzte er diese Tugenden ein: immer in Bewegung, immer mit einem Tablett in der Hand, immer schnell am Tisch, wenn neue Kunden kamen, immer mit dem Notizblock auf Tuchfühlung, damit ihm auch ja keine Bestellung entging. Seine Kommilitonin war aus anderem Holz. Man gewann eigentlich gar nicht den Eindruck, dass sie wirklich arbeiten würde. Stets hatte sie Zeit für einen freundlichen Plausch; einen Notizblock hatte sie gar nicht, und wenn sie in Bewegung war, schien sie allenfalls das Tempo eines Wochenendspaziergängers zu erreichen. Die Arbeitsresultate der beiden waren recht unterschiedlich. So spielte sie aufgrund ihres freundlichen Wesens nicht nur mehr Trinkgeld ein, sondern machte auch deutlich mehr Umsatz als er – mit der Konsequenz, dass er schließlich vom Geschäftsführer der Kneipe gefeuert wurde. Und dieser Trend sollte sich auch später fortsetzen: Sie arbeitet mittlerweile als Leiterin einer großen Behörde, während er sich als Sachbearbeiter bei einem Versicherungsunternehmen durchschlägt – was sicherlich nichts Schlimmes ist, von ihm aber als Katastrophe empfunden wird. Für ihn ist dies ein Beleg, »dass Können und Disziplin in heutiger Zeit einfach nichts mehr zählen und man nur mit Vitamin B nach oben kommt«. Tatsache ist allerdings, dass seine Kommilitonin am Anfang keinerlei Beziehungen hatte, als sie nach oben marschierte, während er aus einer traditionsreichen Anwalts- und Beamtenfamilie stammt.

Was macht nun den Unterschied zwischen dem ehrgeizigen Studenten und seiner erfolgreichen Studienkollegin aus? Beide wollten ins Management, beide sind intelligent, beide studierten – er hatte insgesamt sogar bessere Noten als sie. Beide sehen eher mittelmäßig attraktiv aus, sodass auch die Schönheit als Argument für ihre unterschiedlich verlaufenden Karrieren ausscheidet. Beide haben keine Kontaktängste, denn sonst hätten sie nicht in der Kneipe gearbeitet, und von der Herkunft hatte er sogar die besseren Karten. Dennoch startete sie auf der Karriereleiter durch, während er irgendwie auf den unteren Stufen hängen blieb und dort ganz und gar nicht glücklich ist.

Der für ihre Karrieren maßgebliche Unterschied besteht nicht so sehr in ihren Zielen und ihrer Herkunft als vielmehr in ihrem Wesen. Sie ist in allem, was sie tut, gelassen; er denkt bei allem, was er tut, an den Erfolg. Doch trotz ihrer Gelassenheit geht sie in ihrem Tun vollständig auf, im Unterschied zu ihm. Denn er gehört zu den berüchtigten mehrphasigen Aktionisten unserer Zeit, die beim Autofahren Radio hören, telefonieren und eine Müslischnitte essen. Beim Kellnern in der Kneipe dachte er während der Gespräche mit Gästen meistens schon an etwas anderes, beispielsweise an eine offene Rechnung vom Nebentisch, sie dagegen war beim Gespräch ganz Ohr und konzentrierte sich ganz und gar auf ihren Gesprächspartner. Deswegen brauchte sie auch keinen Notizblock, während er trotz dieses Hilfsmittels viele Bestellungen vergaß. Ein Notizblock taugt nämlich nur dann als Gedächtnisstütze, wenn man den Gästen zuhört und wirklich alle Bestellungen aufschreibt.

Im »Satipatthana Sutta« (Pfeiler der Einsicht) sagt Gautama Buddha:

»Des Weiteren weiß ein Mönch, wenn er geht: *Ich gehe.*

Er weiß, wenn er steht: *Ich stehe.*

Er weiß, wenn er sitzt: *Ich sitze.*

Er weiß, wenn er sich niederlegt: *Ich lege mich nieder.*«

Diese Kunst beherrschte die Studentin. Wenn sie etwas tat, dann tat sie nur das und sonst nichts. Wenn sie studierte, studierte sie; wenn sie mit jemandem sprach, dann sprach sie mit ihm; wenn sie jemanden liebte, dann liebte sie ihn. Ihr Kommilitone hingegen war mit seinen Gedanken nur selten hundertprozentig bei dem, was er gerade tat – und dabei kommt, wie nicht nur Arbeitspsychologen wissen, in der Regel nicht sehr viel raus.

Und es gab noch etwas Wesentliches, was die beiden Arbeits- und Studienkollegen unterschied: ihre Menschenliebe und ihre Einsicht in das Wesen des Daseins. Beide hatten einmal einen Gast, der die Kneipe verließ, ohne zu zahlen. Als das dem Studenten passierte, rannte er dem Zechpreller auf die Straße nach, erwischte ihn aber nicht mehr. Er konnte sich den ganzen Abend nicht mehr beruhigen, mit der Konsequenz, dass er sich ein paarmal verrechnete und daraufhin von seinem Chef ziemlich hart rangenommen wurde.

Ganz anders seine Kollegin. Als ihr Gast gruß- und geldlos verschwunden war, räumte sie den Tisch des Zechprellers ab, ohne eine einzige Zornesregung zu zeigen. Schließlich wurde sie von einem der Gäste gefragt, ob sie denn nicht sauer wäre. Ihre Antwort: »Warum sollte ich? Entweder hat der Mann das Zahlen vergessen, dann kann ich ihm das wohl kaum übel nehmen, oder er hatte kein Geld dabei und hat sich aus Scham verdrückt. Und wenn er die Zeche bewusst geprellt hat, dann wird ihn irgendeine Not dazu getrieben haben – und das kann ich erst recht nicht übel nehmen.« Worte, die es in sich haben. Wer sie hört, der schwankt zwischen tiefer Bewunderung oder aber tiefem Unverständnis. Tatsache ist jedoch, dass die Studentin an diesem Abend von den Gästen – aus welchen Motiven auch immer – sehr viel Trinkgeld bekam, sodass der Zechpreller bei der Endabrechnung allenfalls noch Makulatur war. Dabei hätte es dieses Ausgleichs gar nicht bedurft, weil der Kneipier großzügig über die Miesen in ihrer Kellnerkasse hinwegsah.

Fazit

Obwohl man ihr Schaden zugefügt hatte, ging die junge Frau am Ende als Siegerin hervor. Entscheidend war hierbei: Sie wollte den Sieg gar nicht, sondern er kam von selbst zu ihr, angetrieben durch ihre echte Nächstenliebe und ihr tiefes Verstehen vom Wesen des Menschen. Das ist eines der Grundgeheimnisse des Erfolgs – und auch eine der Kardinaltugenden des Buddhismus.

Bis heute weiß ich nicht, ob die damalige Studentin und heutige Amtsleiterin jemals mit den Lehren des Buddhismus in Kontakt gekommen ist. Doch das ist letztlich ohne Belang. Denn was zählt, ist ihr Karma, also die Summe ihrer Taten, und das hatte damals ohne Zweifel viel von Buddha in sich – und es wird wahrscheinlich auch heute noch viel davon in sich haben. Außerdem besteht einer der großen Vorzüge des Buddhismus darin, dass man ihn verinnerlichen kann, ohne jemals einen Satz aus seinen Schriften gelesen oder gehört zu haben. Zen-Meister betonen stets, wie wichtig es für die Meditation sei, sich immer wieder in den Status des Anfängers zu versetzen.

Doch gleichgültig, aus welcher Quelle die junge Frau ihr Buddha-Wissen zog – es hätte ausgereicht, um andere daran teilhaben zu lassen. Ihr Kommilitone hat diese Chance leider nicht genutzt.

Die drei häufigsten Versagertypen

Buddhisten haben sich natürlich niemals ernsthaft damit beschäftigt, warum Menschen mit ähnlichen Voraussetzungen derartig unterschiedliche Karriereverläufe haben können. Mit diesem Phänomen haben sich Wissenschaftler wesentlich intensiver auseinander gesetzt. Es ist jedoch erstaunlich, wie oft sich ihre Ergebnisse mit den Weisheiten des Buddhismus decken.

So haben Psychologen und Soziologen herausgefunden, dass es vor allem drei Typen beziehungsweise drei menschliche Charaktere gibt, die dazu neigen, weit unter ihren Möglichkeiten und damit weit unter dem zu bleiben, was andere von ihnen und sie selbst von sich erwarten:

Der sprunghafte Dilettant
Dieser Typ ist in das Beginnen verliebt. Schnell lässt er sich begeistern, für neue Sportarten, Hobbys und Liebesbeziehungen, belegt eifrig Fortbil-

dungskurse, wechselt oft den Studiengang oder den Arbeitgeber und schielt nach jeder noch so kleinen Marktnische, von der er glaubt, dass sie finanzielle Chancen bietet. Doch es ist nur der Zauber des Anfangs, der ihn beflügelt. Der erste Schwung führt zu schnellen Fortschritten und alles scheint bestens zu laufen. Aber sobald er den ersten Rückschlag erfährt, ist es mit dem Enthusiasmus vorbei. Schon die Mühen einer ersten Krise sind dem sprunghaften Dilettanten zu viel. Bald findet er gute Gründe, von dem abzulassen, was er noch vor kurzer Zeit mit vollem Elan angefangen hat. Der sprunghafte Dilettant ist ein ewiger Beginner und gleichzeitig ein ewiger Versager im Zu-Ende-Bringen. Er bleibt, wie es der Psychoanalytiker Carl Gustav Jung (1875–1961) einmal ausdrückte, ein *puer eternus*, ein ewiges Kind, das nur spielen will. Auch wenn es oft hilfreich sein kann, etwas Kindliches in seiner Erwachsenenseele zu behalten, Menschen wie der Dilettant haben im Berufsleben nur wenig Chancen, nach oben zu kommen.

Der Verkrampft-Besessene

Sein Ziel ist es, der Beste zu sein. Er will schnelle Erfolge und tut alles dafür. Bereits in der Schule fragt er den Lehrern Löcher in den Bauch, an der Universität hängt er ständig seinen Professoren am Rockzipfel und im Beruf macht er schließlich pausenlos Überstunden, um das beste Ergebnis hervorzubringen. Im Unterschied zum sprunghaften Dilettanten führt die erste Krise bei ihm nicht zum Abbruch, sondern zur Verdopplung seiner Anstrengungen. Doch im Endeffekt kommt bei beiden das Gleiche heraus. Denn seine Anstrengungen verstärken seine Verkrampfung, und wer einmal verkrampft ist, bringt nur wenig zustande. Der Verkrampft-Besessene wird dann zwar immer weiter versuchen, die Anstrengung zu steigern, doch irgendwann gehen ihm die Kräfte aus und er bricht zusammen. Auch in privaten Angelegenheiten findet er nur selten sein Glück, denn die meisten Menschen fühlen sich von seiner Art erdrückt. Oder aber sie langweilen sich mit ihm, weil er seine vergeblichen beruflichen Bemühungen zu Hause damit kompensiert, einfach nur als »Couch-Potato« herumzuhängen.

Der zufriedene Dilettant

Er hat nur geringe Ansprüche an sich selbst. Ist er einmal auf einem gewissen Leistungsniveau angelangt, bleibt er dort stehen, denn sein Ehrgeiz ist befriedigt. Seine Liebesbeziehungen werden nur selten von Leidenschaft getragen, denn er versteht sie eher als Arrangement. Freilich: Seine Selbstbescheidenheit sorgt dafür, dass man mit dem zufriedenen Dilettanten noch am besten klarkommt. Wehe allerdings, wenn seine Lebensplanung ins Wanken gerät, wenn er beispielsweise seinen Job oder seinen Lebenspartner verliert. In solchen Situationen ergreift er nämlich nicht etwa die Initiative, sondern wird zum weinerlichen Trübsalbläser, der sich im Selbstmitleid wälzt. Mit anderen Worten: Der zufriedene Dilettant ist nicht krisenfest, und damit bleibt auch ihm – gerade in unserer Zeit – der Weg zum Lebensglück versperrt.

Die drei häufigsten Hindernisse auf dem Weg zum Glück

Es ist bemerkenswert, wie sich die drei Versagertypen in Psychologie und Soziologie mit dem decken, was von Buddhisten als Hindernis auf dem Pfad zur Erleuchtung betrachtet wird:

Der Heuschreckengeist

Seine Abhandlung »Die Praxis der Achtsamkeit« beginnt der englische Mönch Bhikku Mangalo mit folgenden Worten: »Schauen wir uns doch den Geist einer normalen weltlichen Person einmal an. Wir finden einen Heuschreckengeist, einen Schmetterlingsgeist, der seinen momentanen Vorlieben und Impulsen hinterherjagt und Opfer von Reizen und seiner momentanen Reaktion darauf ist.«

Unfähig, auf einem Punkt zu ruhen, bewegt sich dieser Geist hin und her, immer auf der Suche nach der Befriedigung von Bedürfnissen, die gerade in ihn einschießen. Klar, dass der Mensch in dieser Flatterhaftigkeit keine wirklich tiefe und echte Beziehung zu etwas oder zu einem Menschen aufbauen kann. Und aus diesem Grund hat sein Leben, so Bhikku Mangalo weiter, »nichts mit Wirklichkeit zu tun, sondern es ist ein Wachtraum, eine Aufeinanderfolge von Begriffen und Phantasien«.

Der Heuschreckengeist ähnelt stark dem Charakter des spontanen Dilettanten, er scheint so etwas wie dessen Basis zu sein. Und etwas von diesem unsteten Flattergeist steckt in jedem von uns. Heutzutage werden wir von einer Flut von Reizen überschwemmt und haben deshalb das Gefühl, dass jede intensive Beschäftigung mit einer einzelnen Sache möglicherweise Zeitverschwendung ist, denn sie geht ja zulasten der Beschäftigung mit den unzähligen anderen Dingen. In so einem Medium gedeiht natürlich kein langer Atem, es regiert vielmehr die hektisch wechselnde Kurzweil-Beschäftigung, vieles wird angefangen, wenig bis gar nichts wird zu Ende gebracht und eine verständnisvolle Einstellung zur Welt und ihren Menschen will gar nicht erst aufkommen.

Erwartungsdruck

Der Buddhismus steht oft vor dem Dilemma, dass er – und vor allem sein zentrales Element, die Meditation – gern überschätzt wird. »Viele Menschen«, warnt der Dalai Lama, »erwarten von Buddhismus und Meditation einfach viel zu viel. Wir leben in einer Zeit der Computer und der Automation, sodass man denken könnte, die innere Entwicklung des Menschen sei auch ein automatischer Prozess, für dessen Ablauf man nur einen Knopf drücken müsse und sofort würde sich alles verändern.« Gerade die hohe Erwartung stellt ein großes Hindernis dar, um wirklich den Pfad des Buddha zu gehen. Denn wer viel erwartet, der versucht, mit seinem Willen an irgendein Ziel zu gelangen. Aber die Verhaftung im Willen ist es, die uns abhängig macht und unserer geistigen Entwicklung die Freiheit raubt.

Natürlich ist zunächst ein starker Wille nötig, um auf Buddhas Spuren zu wandeln. Denn man muss dafür von vielem Liebgewonnenen Abschied nehmen, ähnlich, wie es Gautama Buddha einst selbst tat, als er sein hochherrschaftliches Haus verließ und zum Bettler wurde. Doch wenn diese frühen Entscheidungen erst einmal getroffen sind, ist der Wille aus dem Spiel. Danach steht nicht mehr das Irgendwo-Hinkommen im Vordergrund, sondern das Sein-im-Augenblick. »In der buddhistischen Übung«, äußerte einmal der amerikanische Buddhist und Mediziner Jon Kabat-Zinn, »geht es darum, da zu sein, wo man gerade ist, und nicht darum, irgendwo anders hinzukommen.« Im Umkehrschluss bedeutet dies: Wer stets das Ziel vor Augen hat, mithilfe buddhistischer Übungen zur Lösung all seiner Probleme oder sogar zur Erlösung zu gelangen, wird genau dieses Ziel verfehlen. Denn die Kunst dieser Übungen besteht darin, kein Ziel mehr vor Augen zu haben, sondern ganz im Augenblick aufzugehen und dort Erkenntnisse zu sammeln. Und damit wird die Basis gelegt für das, was einen guten Manager ausmacht und was dem Verkrampft-Besessenen abgeht: nämlich die Fähigkeit, mit größtmöglicher Erwartungslosigkeit die größtmöglichen Erfolge zu erzielen.

Selbstzufriedenheit

Zum Buddhismus gehört wohl der tiefe Blick in sich selbst, doch der hat ganz und gar nichts mit lässiger Selbstzufriedenheit zu tun. Im »Dhammapada« warnt Gautama Buddha:

»Es gibt sich der Lässigkeit hin
das einsichtslose Torenvolk,
der Weise aber seine Wachheit
behütet als den höchsten Hort.

Ergebt euch nicht der Lässigkeit,
vertrauet nicht der Sinneslust.
Wer wachsam ist und selbstvertieft,
erlangt ein hohes, heil'ges Glück.

Wer wachsam ist unter Lässigen
und unter Schläfrigen ist wach,
solch Weiser siegreich eilt voraus
wie flinkes Ross dem schlappen Gaul.«

Ohne Frage: Lässigkeit war für Buddha eines der Grundübel, die es auf dem Weg zur Erleuchtung zu überwinden galt. Lässigkeit war für ihn: Selbstzufriedenheit, eitle Selbstgefälligkeit – und die borniere Gewissheit, genug zu wissen und zu können, sodass man getrost darauf verzichten kann, sich weiterzuentwickeln. Untugenden also, die man auch aus zahlreichen Büros und Betrieben kennt und die nicht nur den einzelnen Karrieren im Weg stehen, sondern mitunter auch ganze Firmen in den Ruin führen. Sie blockieren den Weg zum beruflichen Erfolg wie den Pfad zur Erleuchtung gleichermaßen.

Fazit: Lernen Sie von Buddha,
denn es ist nie zu spät – und nie zu früh
Es gibt also große Überschneidungen zwischen dem, was der Buddhismus als hinderlich auf dem Weg zur Erleuchtung erachtet, und dem, was Wissenschaftler als hinderlich für die Entfaltung unserer persönlichen Talente und den Aufwärtsverlauf unserer Karrieren einschätzen. Nichtsdestoweniger: Die buddhistische Philosophie hat sich in ihrer über 2500 Jahre währenden Geschichte nicht darauf beschränkt, die spirituellen Makel der Menschheit aufzudecken. Sie hat in dieser Zeit auch Wege gefunden, wie man die spirituellen Blockaden in den Köpfen aus dem Weg räumen kann. Und dieses Wissen hilft – aufgrund der oben skizzierten Übereinstimmungen – auch dabei, sich beruflich und privat weiterzuentwickeln. Buddha schützt uns davor, zu einem der drei Versagertypen zu werden, er zeigt uns entspannte Wege, um die Karriere voranzutreiben und Erfüllung im Privatleben zu finden. Er zeigt uns auch, wie man, ohne dabei borniert oder ängstlich zu sein, das Erreichte absichert und sich vor Krisen schützt.

Bleibt die Frage, wann der ideale Zeitpunkt für die Beschäftigung mit Buddha gekommen ist. Die Antwort: Es ist nie zu früh und auch nie zu spät. Es mag für die Auseinandersetzung mit anderen Philosophien gelten, dass man eine gewisse Reife erlangt haben muss, nicht aber für die Philosophie Buddhas. Gautama selbst war ein junger Mann, als er den Reichtum gegen die Hauslosigkeit eintauschte. Und es war seine junge und empfindsame Seele, die aufmerksam wurde auf das Leiden der Welt und ihn dadurch zur Philosophie brachte. Wenn man jung ist, hat man zwar noch wenig Erfahrung, aber man fühlt tiefer und intensiver die Freuden und Leiden des Lebens, und es ist gerade diese Empfindung, aus der die buddhistische Philosophie ihren Anstoß erhielt. Deshalb ist der junge, sensible und leidenschaftliche Mensch geradezu geschaffen, um sich mit Buddha zu beschäftigen.

Auch das Argument, wonach ältere Menschen kein sonderliches Interesse mehr für Buddha aufbringen könnten, weil ihre Gedankenwelt bereits zu verkrustet und starrsinnig ist, hat nur wenig Überzeugungskraft. Der Grund: Die meisten Menschen bekommen im Lauf der Jahre eine Ahnung davon, dass in ihrem Leben, aber auch auf der Welt insgesamt einiges falsch gelaufen ist. Das hat nichts mit Midlife-Crisis zu tun, sondern es ist ein allgemeines psychologisches Phänomen: Die Summe vieler Erfahrungen und die langsam nachlassende körperliche Frische führt dazu, das Vergangene infrage zu stellen, gewissermaßen als eine Art zweifelndes Lebensresümee. Und wenn sich der Zweifel erhebt, erwacht auch das Interesse an der Philosophie.

Nun könnte man sich natürlich auch mit Denkern wie Immanuel Kant oder Friedrich Nietzsche beschäftigen, doch der Buddhismus hat ihnen gegenüber den Vorteil, dass man keinerlei Vorkenntnisse braucht, um ihn zu verstehen. Er setzt nichts anderes voraus, als Wachheit sowie einen kritischen und mutigen Verstand. Wer sich mit dem Philosophen Kant auseinander setzen will, braucht dazu ein Basiswissen zu abendländischem Rationalismus, selbst für eine Beschäftigung mit Nihilisten wie Friedrich Nietzsche kann es nicht schaden, vorher eine Portion Schopenhauer und einen Schuss griechische Antike genossen zu haben. Für den Buddhismus hingegen benötigt man keinerlei Vorkenntnisse. Im Gegenteil: Unwissen bildet geradezu den Boden für die buddhistische Praxis. Im japanischen Zen gibt es dafür sogar einen speziellen Ausdruck: *Shoshin*. Er bedeutet in etwa: »Die Geisteshaltung des Anfängers«. Gemeint ist damit, dass sich der Meditierende einer buddhistischen Übung jedes Mal so nähern sollte, als wäre es das erste Mal. Denn nur so bleibt man wirklich offen für das, was uns Buddha an Erlebnissen und Erkenntnissen vermitteln kann. Auswendig gepaukte Lehrsätze oder aufgeblähte Denksysteme würden sie nur unterdrücken. Im Zen heißt es dazu: »Ist euer Herz leer, so ist es für alles bereit, ist allem offen. Des Anfängers Geist hat viele Möglichkeiten, der des Experten hingegen nur wenige.« Endlich einmal ein Wissen, für dessen Erwerb man keine Schulbank drücken muss – wir sollten es genießen.

3
Optimale Power
aus minimalem Aufwand:
Kräfte bündeln, Lasten abwerfen,
das Richtige tun

»Jage nicht der Vergangenheit nach,
suche nicht nach der Zukunft.
Die Vergangenheit ist vorbei,
die Zukunft ist noch nicht da.
Sehe klar und auf der Stelle
das Objekt, das jetzt da ist.
Finde den stillen, unbeweglichen
Zustand des Geistes
und lebe darin.«

Gautama Buddha, »Dhammapada« (Pfad der Wahrheit)

Peter Ustinov ist ein Mann mit außergewöhnlich vielen Talenten. Man kennt ihn als Schauspieler, Künstler, Autor und Botschafter der UNICEF, außerdem spricht er mehrere Sprachen – einige davon so gut, dass er mit ihnen sogar auf der Bühne brillieren kann. Auch als Werbeträger tritt er gelegentlich in Erscheinung; auf die EXPO in Hannover wirkten die Spots mit ihm und Verona Feldbusch wie eine Vitaminspritze. Dennoch: Es gibt nicht wenige, die behaupten, dass Ustinov weit mehr aus sich hätte herausholen können, wenn er sich auf nur eines seiner Talente konzentriert hätte. Ein Irrtum! Ustinov hat in seinen zahlreichen Wirkungsfeldern mehr geleistet als viele, die sich auf eines dieser Gebiete spezialisiert haben. Er ist also weniger ein Beispiel dafür, wie man sich in seinen Talenten verzettelt, sondern dafür, wie man es durch Bündeln der geistigen und körperlichen Kräfte auch in mehreren Bereichen zu überragenden Leistungen bringen kann. Gautama Buddha hätte dies gefallen, denn er war ein Gegner des Spezialistentums und ein Verfechter des übergreifenden Tätig-Werdens. Im Folgenden wird dargelegt, wie man mithilfe der buddhistischen Lehre seine Potenziale optimal zur Entfaltung bringen kann.

Power-Regel Nr. 1: Vergessen Sie Ihr Ich

Eine der grundlegenden Erkenntnisse des Buddhismus ist, dass es nichts gibt, was beständig ist. Gautama Buddha sagte: »Alles, was der Bedingung des Entstehens unterworfen ist, ist auch der Bedingung des Vergehens unterworfen.« Und er stand mit dieser Erkenntnis zu seiner Zeit nicht allein. Einige tausend Kilometer entfernt argumentierte auf gleiche Weise ein anderer großer Denker, nämlich der griechische Philosoph Heraklit (550–480 v. Chr.). Mit seinem wegweisenden Satz »Alles fließt« möchte er verdeutlichen: In dem Moment, da man seinen Fuß in das Wasser eines Flusses taucht, ist dieses Wasser schon nicht mehr identisch mit dem, das vorher an derselben Stelle gewesen ist. Ebenso verhält es sich nach seinen Worten mit der Welt im Ganzen. Das Alte wird älter und älter, es weicht von einem Augenblick zum nächsten dem Neuen, das jedoch auch nicht neu bleibt, sondern älter wird und irgendwann einmal wie alles andere weichen muss.

Das Gesetz vom ewigen Wandel hat, wie Gautama Buddha weiter ausführt, seine Gültigkeit erst recht für unser Ich. Denn bei einer näheren Betrachtung dieses Ichs fällt auf, dass sich auch hier ständig verändernde Empfindungen und Gedanken miteinander abwechseln, wobei das eine die Ursache des Nächsten und dieses wiederum die Ursache eines weiteren Nächsten ist und so weiter. Es gibt demnach nichts, was über einen winzigen Augenblick hinaus gleich bleibt, kein beständiger Kern, an den man sich klammern könnte. Deshalb gibt es auch nichts, was man als *Ich* bezeichnen könnte. Dieses Ich ist in Wahrheit nichts anderes als ein Scheingebilde sich ständig wandelnder Prozesse.

Nach der Zen-Lehre werden wir uns der Nicht-Existenz des Ichs am besten in der Meditation bewusst. Dabei folgt unsere Aufmerksamkeit ganz unserer Atmung. Atmen wir ein, gelangt die Luft in die innere Welt. Atmen wir aus, gelangt sie in die äußere Welt. So glauben wir es jedenfalls zu Beginn unserer Atembetrachtung. Sobald wir uns wirklich gedankenfrei und ohne Ablenkung mit unserem Atem beschäftigen können, entpuppen sich innere und äußere Welt als Trugbilder, die sich nur scheinbar voneinander abgrenzen. In Wirklichkeit gibt es nur eine Welt. Und damit ist auch der Untergang des Ichs besiegelt.

Denn: »Wenn ihr denkt: *Ich* atme, so ist das *Ich* etwas Hinzugefügtes. Es gibt kein *Du,* das *Ich* sagen könnte. Was wir *Ich* nennen, ist nichts als eine Schwingtür, die sich bewegt, wenn wir ein- und ausatmen. Sie bewegt sich – das ist alles. Wenn euer Geist rein und ruhig genug ist, dieser Bewegung zu folgen, ist da nichts: kein *Ich,* keine Welt, weder Geist noch Körper, nur eine Schwingtür.« (Shunryu Suzuki, »Zen-Geist – Anfänger-Geist«)

Dem abendländischen Menschen fällt es traditionell schwer, den Schwingtür-Untergang seines Ichs zu akzeptieren. Denn er ist gefangen in der Vorstellung, im Zentrum einer Welt zu stehen, die sich aus Wesenheiten zusammensetzt, die ebenfalls glauben, im Zentrum der Welt zu stehen. Der Haken an dieser Geschichte ist folgender: Sie ist nicht nur falsch, sie bringt auch nichts als Ärger. Denn wenn jeder glaubt, die Welt drehe sich nur um ihn, muss er zwangsläufig mit denen ins Gehege kommen, die dasselbe von sich glauben.

Und damit nicht genug! In Bezug auf die konkreten Arbeitsverhältnisse eines Managers offenbart sich diese Egozentrik als ein kolossales Hindernis. So kommen hierzulande viele gute Innovationen zu spät auf den Markt, weil sie von Bedenkenträgern aus persönlicher Eitelkeit oder Unflexibilität (Ich-Befangenheit) verhindert werden oder weil diese Menschen – was noch schlimmer ist – die Ideen als ihre eigenen ausgeben (Ichsucht) und damit verhindern, dass diese Ideen in ihrer Umsetzung zügig vorangetrieben werden. Denn spätestens die Umsetzung einer Idee fällt dem Ideendieb naturgemäß schwerer als ihrem tatsächlichen Erfinder.

Außerdem neigt derjenige, der sein Ich ins Zentrum seines Denkens rückt, dazu, andere Ideen und Vorstellungen immer nach ihrer Herkunft zu bewerten. Und wenn diese Herkunft seiner Ansicht nach nichts taugt, bekommt die Idee keine Chance, gleichgültig wie gut sie ist.

So wird ein Medizinprofessor, der voller Stolz Prof. Dr. med. habil. auf sein Türschild eingravieren lässt, den Ideen eines einfachen Assistenzarztes oder Medizinstudenten kaum große Beachtung schenken. Auf der anderen Seite setzen schwer kranke Patienten ihre Heilung aufs Spiel, indem sie sich aus ich-bezogener Eitelkeit von einem ichbezogenen, aber unfähigen Chefarzt behandeln lassen, anstatt sich in die Hände eines weniger betitelten, dafür aber ambitionierten und kreativen Arztes zu begeben.

Auch in deutschen Industriebetrieben und Behörden zeigt sich immer wieder, dass die besten Ideen einfach untergehen, weil die Vorgesetzten keinen Ideenfluss von unten nach oben zulassen. Ein Mann wie Bill Gates hätte in Deutschland keine Chance gehabt, und auch in den USA hatte er zunächst zahlreiche Widerstände zu überwinden, denn er trat nicht als standesgemäß qualifizierter Experte, sondern eher als kreativer Newcomer an – und mit solchen Menschen geben sich Ich-Verliebte nicht ab.

Jedoch, gute Ideen sind gute Ideen, egal woher sie kommen. Ein wirklich kreativer Mensch wird also nicht nach der Herkunft einer Idee fragen – denn er weiß selbst, dass er nur einen einzigen Kopf hat, so schöpferisch dieser auch sein mag.

Gründe genug also, das Ich abzustreifen. Und dazu ist es notwendig, das Gleis des Bewusstseins zu wechseln. Weg vom Ich-bin-ich-und-du-bist-du-Denken, hin zum mystischen Es-gibt-nur-eine-unteilbare-Welt-Gefühl. Ganz in ihren Aktivitäten aufgehende Menschen – Langstreckenläufer, Bergsteiger beim Erklimmen des Gipfels, Künstler während des schöpferischen Aktes oder auch Mütter beim Stillen – erleben ebenfalls jene mystischen Momente, in denen man jenseits von Unzufriedenheit, Selbstbesessenheit, Schmerz und Leiden schwebt. Deshalb ist es sinnvoll, in allem, was man tut, wirklich ganz aufzugehen. Beim Lieben also nur zu lieben und nicht gleichzeitig an die Bilanzen zu denken, und beim Arbeiten nur zu arbeiten und nicht gleichzeitig im Hinterkopf zu haben, welchen Eindruck man beim Chef macht. Doch das ist leichter gesagt als getan. Deshalb bleibt die Frage, wie man das mystische Aufgehen im Augenblick erlernen kann, offen.

Eines der zentralen buddhistischen Instrumente zum Abstreifen des Ichs ist die Meditation; von ihr wird später noch ausführlich die Rede sein. Von eher pragmatischer Natur ist hingegen der grammatikalische Trick, Wörter wie ich, mein, mich und mir so weit wie möglich aus dem eigenen Sprachgebrauch zu streichen. Früher wurde an den Schulen noch gelehrt, dass man in Briefen und Aufsätzen so wenig wie möglich solche ichbezogenen Pronomen benutzen sollte, als Zeichen einer guten Erziehung und eines guten Stils. Wenn dem Lehrer die Anzahl der verwendeten Pronomen zu hoch erschien, strich er sie an und setzte außerdem noch die Note für den gesamten Aufsatz herunter. Ein Verfahren, das heutzutage wieder sinnvoll werden könnte. Allerdings ohne Rotstift und ohne Benotung. Sensibilisieren Sie sich für jene Augenblicke, in denen Sie »ich«, »mein« oder dergleichen denken, schreiben oder aussprechen. Dann sollten in Ihnen die inneren Alarmglocken klingeln: »Achtung, Ich!« In vielen Fällen zeigt sich, dass der Gebrauch von Ich-Wörtern entbehrlich oder nicht angebracht ist. Bedenken Sie außerdem, dass Geschichten mit starker Ich-Auslastung stets langweilig oder angeberisch wirken. Den Ich-mach-das-und-ich-kann-das-Dramaturgen bleiben auf Partys in der Regel lediglich hastig geleerte Whiskeygläser und der schwerhörige Hund des Gastgebers als Zuhörer.

Es ist in jedem Fall unsinnig und kontraproduktiv, den so genannten Schulen des positiven

Denkens zu folgen und sich pausenlos Phrasen wie »Ich bin gut!«, »Ich bin schön!« oder »Ich werde es schaffen!« vorzusagen oder überall Spiegel in der Wohnung aufzuhängen, um das ramponierte Selbstbewusstsein auf Vordermann zu bringen. All diese Techniken haben zwar Psychotherapeuten neue Kunden zugetrieben, das Selbstwertgefühl ihrer Anwender haben sie jedoch eher noch weiter heruntergeholt, anstatt es aufzupeppen. Der Grund: Wer fortwährend sein Ich mit positiven Formeln in den Vordergrund stellt, der verkrampft. Die größten Erfolge haben nicht die von sich und ihrer Leistung Besessenen, sondern die »Erleuchteten«, also diejenigen, die ihre Erfolge als »von Gott gegeben« hinnehmen. Dabei ist es gleichgültig, ob dieser Gott tatsächlich religiöser Natur ist, sich im Karma-Sinn aus den Handlungen und Verdiensten früherer Leben zusammensetzt oder ein anderer Name für das Zufallsprinzip ist. Was zählt, ist die innere Einstellung, als Ursache für positive Leistungen nicht die eigene Person in den Vordergrund zu stellen, sondern sie als Geschenk zu interpretieren, als etwas, das einem gewissermaßen als Akt einer besonderen Gnade zugefallen ist. Die Weltgeschichte zeigt immer wieder, dass diejenigen die größten Taten vollbringen, die sich gewissermaßen als Arm einer höheren Gewalt empfinden. Man denke nur an Johann Sebastian Bach, der sich als Erfüllungsorgan göttlicher Melodien verstand, oder an Friedrich Nietzsche, der kreative Kräfte stets im Zusammenhang mit der Urkraft des Dionysischen (Dionysos war der griechische Gott des Rausches) begriff.

Also: Wer sich täglich irgendwelche Formeln vorsagen will, sollte das *Ich* herauslassen. Sagen Sie »Es wird gelingen« anstelle von »Ich werde es schaffen« und »Es ist gut« statt »Ich bin gut«. Und Sätze wie »Ich bin schön« und das übermäßige Aufhängen von Spiegeln lässt man am besten ganz weg. In einer psychologischen Studie der Universität Michigan zeigte sich, dass Menschen, die permanent auf ihr Aussehen achten, in Mathematiktests deutlich schlechter abschneiden als andere, denen ihr Aussehen relativ gleichgültig ist. Natürlich darf man Ergebnisse wie dieses nicht auf Deutschland übertragen und verallgemeinernde Aussagen treffen, jedoch kann man hier erste Anzeichen zu einer solchen Entwicklung erkennen. Mit anderen Worten: Die Sorge um das Aussehen schadet dem Denken, und das ist sicherlich ein triftiger Grund, sie gar nicht erst groß aufkommen zu lassen.

Power-Regel Nr. 2:
Finden Sie Ihre Berufung

Ein weiterer wichtiger Schritt zum Abstreifen des Ichs ist das Auffinden der eigenen Berufung. Wer so arbeitet, dass er in seiner Arbeit im wahrsten Sinn des Wortes »versinkt« und sich selbst vergisst, also vollständig in seinem Tun aufgeht, der hat auch sein Ich hinter sich gelassen.

Im buddhistischen Sinn entspringt das Suchen nach der Berufung dem Aufspüren des eigenen Karmas. Zentraler Inhalt der Karma-Lehre ist der Gedanke der Wiedergeburt. Danach schlagen sich die Taten früherer Leben auf das nieder, was im Hier und Jetzt geschieht, während die Taten des Hier und Jetzt sich auf das niederschlagen, was in künftigen Leben geschehen wird. Das bedeutet: Unsere gegenwärtige Erfahrung ist letztlich das Produkt früheren Handelns und Wollens und das, was wir jetzt tun, bestimmt unsere künftigen Lebensumstände.

Nun könnte man es sich natürlich bequem machen und sich mithilfe der Karma-Lehre aus der Verantwortung für seine Taten stehlen. Nach dem Motto: »Alles, was ich tue, ist durch mein Karma vorbestimmt und deshalb kann ich dafür auch nicht zur Rechenschaft gezogen werden.« Der Buddhismus legt allerdings großen Wert darauf, dass der Mensch nicht aus seiner Verantwortung entlassen wird. Er hat durchaus Freiraum, sein Handeln zu gestalten; das Karma ist also kein feststehender Lebensplan, an dem wir nichts ändern können, sondern vor allem eine Möglichkeit, *die* Möglichkeit. Denn wenn dem nicht so wäre, gäbe es ja gar keine Auf- und Abwärtsbewegungen von einem Leben zum nächsten, sondern das Karma würde praktisch immer gleich bleiben und der Weg des Lebens wäre lediglich eine Wiederholung des ewig Gleichen. Ziel soll es jedoch sein, wie die Buddhisten immer wieder betonen, das *Karma* durch entsprechende Taten positiv zu beeinflussen, um am Ende den Kreis der Wiedergeburten zu durchbrechen und ins Nirwana einzugehen, wo es kein Entstehen, Wandeln und Vergehen und damit auch kein Leiden mehr gibt.

Nun erreichen nur die wenigsten Menschen das Ziel, schon in ihrem aktuellen Leben die Tür zum Nirwana aufzustoßen. Doch das ist kein Grund zum Verzweifeln. Denn es ist schon ein Schritt nach vorn, sein Karma nicht ins Negative abdriften zu lassen, und es ist noch ein weiterer Schritt, es minimal in die richtige Richtung zu bewegen, um damit den zukünftigen Leben eine bessere Basis für den Weg zum Nirwana zu schaffen. Aber dazu ist es zunächst einmal notwendig, ein Gespür für sein Karma zu bekommen. Oder um es abendländisch auszudrücken: Wer wirklich will, dass es im Leben (in diesem oder auch im nächsten Leben) weiter vorwärts geht in Richtung Glück und Erfüllung, muss begreifen, was eigentlich seine Berufung ist. Wie das geht, soll im Folgenden besprochen werden.

Achten Sie auf Ihre Träume

Stets wiederkehrende Traummuster sind ein deutlicher Hinweis darauf, dass in Ihrem Leben etwas nicht stimmt und Sie weit weg von Ihrer eigentlichen Bestimmung sind. Ihr Geist sendet auf diese Weise Signale, die Sie zu einer Kehrtwende überreden wollen. Typische Traumbilder für den Wunsch nach radikaler Lebensänderung sind das Laufen auf der Stelle und der Fall ins Bodenlose.

Achten Sie auf Ihre körperlichen Symptome
Ein unzufriedener, von einer Bestimmung entfremdeter Geist sendet Signale in Form von Muskelverspannungen. Typisch sind Muskelschmerzen in der Wade sowie im Gesäß und hinten im Oberschenkel – als Zeichen, dass der Körper gewissermaßen auf dem Sprung ist.

Nehmen die Streitereien zu?
Anhaltende oder sogar zunehmende Konflikte, die immer nach demselben Muster ablaufen, sind ebenfalls Hinweise darauf, dass Sie in Ihrer Lebenssituation festgefahren sind. Sie verlangen eine Entscheidung, nicht nur im Beruf, sondern auch in der Partnerschaft: Bleiben oder gehen?

Kommt die Langeweile?
Langeweile ist fast immer ein sicheres Zeichen dafür, dass Sie dort, wo Sie gerade sind, keine Erfüllung finden.

Hören Sie die Zeichen
Sie hören eine Unterhaltung am Nebentisch und denken: Hoppla, die reden doch von mir! Oder Ihnen gehen bestimmte Redensarten (etwa »Wer zu spät kommt, den bestraft das Leben«) oder alberne Schlagertexte (wie »Siebzehn Jahr, blondes Haar«) einfach nicht aus dem Kopf. All dies können Zeichen dafür sein, dass Sie sich von Ihrer Berufung entfernt haben.

Beweiszwang

Haben Sie häufiger das Gefühl, dass Sie sich selbst oder anderen etwas beweisen müssen? Ertappen Sie sich häufiger bei Phantasien, in denen Sie es den anderen mal so richtig zeigen wollen? Ein deutlicher Hinweis darauf, dass Sie sich falsch verstanden und unausgelastet fühlen.

Was geht Ihnen wirklich leicht von der Hand?

Alles was Ihnen keinerlei Mühe macht, gehört sicher zu den Dingen, für die Sie Talent besitzen. Ein Hinweis darauf, dass dort auch Ihre Berufung stecken könnte. Aber Vorsicht! Talent und Berufung können sich zwar überschneiden, doch sie sind nicht dasselbe. Bevor Sie sich entschließen, Ihr Talent zum Beruf zu machen, sollten Sie erst einmal ausprobieren oder sich zumindest vorstellen, ob Ihnen die Sache auch dann noch Spaß macht, wenn Sie Tag für Tag auf Ihrem Programm steht.

Achten Sie auf die Zufälle

Manche Zufälle sind gar keine. Wenn wir etwa ein Buch – eigentlich ziellos – aus dem Bücherregal nehmen und es ein Thema trifft, das uns gerade beschäftigt. Oder wenn wir an einen alten Arbeitskollegen von früher denken und er uns im selben Moment anruft. C. G. Jung hat das unvermutete und unerklärliche Zusammentreffen von genau passenden, schicksalhaften Ereignissen als Synchronizität bezeichnet. Synchronizitäten bilden wichtige Bojen auf unwirtlicher See, die unserer unzufriedenen Seele den Weg zu glücklicheren Gefilden zeigen wollen. Solche Zufälle, die eigentlich keine sind, begegnen uns relativ häufig, doch meistens nehmen wir sie gar nicht wahr. Wir können jedoch die Wahrnehmung für sie schulen, indem wir uns öfter mal den Luxus eines meditativen Innehaltens gönnen.

Die Kunst der aktiven Geduld

Wer sich in der Kunst des buddhistischen Meditierens schult, trainiert seine Aufmerksamkeit für Dinge, die ihm sonst im Alltagsgeschäft verborgen bleiben – nicht nur für die im vorherigen Absatz aufgelisteten Scheinzufälle, sondern für all das, was man eigentlich will. Wer lernt, sich in der Meditation im Hier und Jetzt zu versenken (ich werde später noch zeigen, wie das geht), erhält auch einen Einblick in seinen persönlichen Ist-Zustand und darüber, wie sich dieser Zustand mit dem persönlichen Soll-Zustand der Berufung deckt. Diesen Einblick bekommen Sie zwar nicht gleich während der Meditation, aber irgendwann danach, früher oder später – verlassen Sie sich darauf!

Meiden Sie faule Kompromisse

Gesetzt den Fall, Sie haben Ihre Berufung gefunden, dann sollten Sie diese auch entschieden in die Tat umsetzen und keine faulen Kompromisse eingehen, wie etwa der verhinderte Künstler, der aus Angst vor den Unsicherheiten eines Künstlerlebens den Job eines Kunstkritikers annimmt. Oder der verhinderte Politiker, der aus Angst vor den Unwägbarkeiten eines Politikerlebens Vorsitzender in seinem Kaninchenzüchterverein wird. Oder wie der verhinderte Buddhist, der sich aus Angst vor gesellschaftlichen Rankünen oder dem Druck seines zukünftigen Partners in einer christlichen Kirche trauen lässt. Sicherlich gibt es viele Situationen, in denen man Kompromisse machen kann oder sogar machen muss. Nicht aber bei der Berufung. Denn wer sich zu etwas berufen fühlt, der muss diese Sache auch zu seinem hauptsächlichen Lebensinhalt machen – alles andere ist Verrat an der eigenen Seele!

Zur buddhistischen Kompromisslosigkeit gehört aber auch, dass Sie Ihre augenblicklichen Tätigkeiten nicht als Durchlauferhitzer für Ihre späteren Karrierestationen betrachten. Wer sich nur deshalb in den Stadtrat wählen lässt, weil er später bundespolitische Karriere machen will, wird seinen Job im Stadtrat nicht wirklich gut machen – und deshalb wahrscheinlich auch nicht in den Bundestag kommen, und wenn doch, dann als ebenso schlechter Bundestagsabgeordneter. Wer als Graphiker in einem Verlag für Taschenkalender arbeitet, bloß um sich dort die Wartezeit auf seine eigentliche Berufung, eine Stelle in einem großen Buchverlag, zu verkürzen, wird seinen augenblicklichen Job nicht wirklich gut machen und sich dadurch seine Auf- und Umstiegschancen gehörig verbauen. Also: Wenn Sie etwas machen, dann machen Sie es gut und aus vollem Herzen! Nur so haben Sie realistische Chancen, dass sich an Ihrer augenblicklichen Situation etwas ändert und Sie schließlich beizeiten Ihre wahre Berufung finden. Und wenn ein Job tatsächlich unerträglich für Sie geworden ist, sollten Sie einen Schlussstrich ziehen und nicht ihre Zeit mit hängenden Mundwinkeln absitzen wollen. So etwas geht aufs Gemüt, es raubt Ihnen den Willen und den Charakter – und wenn Ihnen die fehlen, wird es mit Ihrer Karriere nicht aufwärts gehen können.

Belügen Sie sich nicht selbst

»Hier werde ich die Regenzeit und dort den Sommer verbringen. So plant der Tor, der Zwischenfälle gedenkt er nicht«, spricht Gautama Buddha im »Dhammapada«. Wer einen bestimmten Weg geht, muss damit rechnen, dass dort nicht alles glatt gehen wird. Dennoch reichen oft schon harmlose Unfälle aus, um Menschen auf ihrem Weg scheitern zu lassen. Die Kneipen, Männergruppen, Vereinsheime und Kaffeekränzchen sind voll von redseligen Dünnbrettbohrern, die ihr Versagen mit äußeren Umständen rechtfertigen: »Hätte ich damals nicht geheiratet, wäre ich sicherlich ein großer Musiker geworden!«, »Ich hätte den Studienabschluss sicherlich geschafft, doch irgendwie musste ja die Kohle her«, »Ich hätte als Modell sicherlich Karriere gemacht, doch dann wurde ich schwanger und das war's.« All diesen Menschen gemeinsam ist die Überzeugung, dass sie wegen äußerer Umstände von ihrer Berufung lassen mussten. Doch das entspricht – sieht man einmal von schweren Krankheiten, Unfällen und anderen Schicksalsschlägen ab – nur selten der Wahrheit. Wer sich durch Hindernisse wie einer ungewollten Schwangerschaft oder chronischer Ebbe in der Familienkasse kleinkriegen lässt, der hatte keine Berufung, sondern allenfalls eine Leidenschaft. Gautama Buddha zog als Abkömmling einer reichen Familie als Bettler durch die Straßen und machte gerade dabei existenzielle Erfahrungen, die ihm bei der Konzeption seiner Philosophie nützlich sein sollten. Friedrich Nietzsche schrieb seine größten Werke in Frust und Frost einer ungeheizten Kammer; Kierkegaard war das bucklige und unglücklich verliebte Gespött von ganz Kopenhagen; Gauguin suchte als bankrotter Aussteiger das Weite; Beethoven war bereits taub, als er seine Neunte Symphonie schrieb. Nicht nur, dass große Taten häufig aus großen Leiden und Widerständen entstehen. Wer seiner Berufung nachfolgt, geht in seiner Tätigkeit voll auf und er wird deshalb von Rück- und Fehlschlägen stärker getroffen als derjenige, der seinen Dienst halbherzig nach Vorschrift abspult und für den deshalb jede Niederlage nur eine halbe Niederlage ist. Die Stärke des Berufenen besteht darin, hartnäckig und gleichzeitig locker genug zu sein, um diese Hindernisse zu überwinden. Daher: Grämen Sie sich nicht, falls Sie glauben, Sie wären einmal nah dran gewesen an Ihrer eigentlichen Bestimmung und hätten sie dann nur aufgrund äußerer Umstände sausen lassen müssen. Denn wenn es tatsächlich Ihre Berufung gewesen wäre, hätten Sie sich durch nichts aufhalten lassen.

Power-Regel Nr. 3: Bündeln Sie Ihre Kräfte

Die geistigen und körperlichen Kräfte auf einen Punkt zu konzentrieren, ist nicht leicht. Der Vorsatz, eine Aufmerksamkeit zu bündeln, reicht oft nicht aus. Im Gegenteil. Oft führt das zur Verkrampfung oder aber dazu, dass die Gedanken wie die aufsteigenden Aschepartikel über einem Feuer hektisch hin und her getrieben werden. Die Kunst der mühelosen Konzentration ist schwer zu erlernen, und der Buddhismus – vor allem aber der japanische Zen-Buddhismus – hat ihr eine besondere Rolle eingeräumt.

Um sie zu schulen, haben sich Zen-Buddhisten gern in den Kampfkünsten trainiert und auch in deren Sprache argumentiert. Die folgende Textpassage entstammt den Ausführungen des japanischen Zen-Meisters Takuan Soho, der auch viele Schwertkämpfer zu seinen Anhängern zählte:

»Um in den Begriffen eurer Kampfkunst zu sprechen: Wenn ihr in dem Augenblick, da ihr das Schwert bemerkt, das euch treffen will, auch nur einen Gedanken daran verschwendet, dem Schwert da zu begegnen, wo es eben gerade ist, so wird euer Geist bei ihm Halt machen in ebendieser Position, eure eigenen Bewegungen werden unterbunden, und euer Gegner wird euch niederstrecken. Es ist das, was wir mit *Anhalten in Unwissenheit* meinen.

Wenn aber in dem Augenblick, da ihr das Schwert seht, welches euch treffen will, euer Geist nicht von ihm festgehalten wird und ihr im Rhythmus des heransausenden Schwertes bleibt; wenn ihr nicht daran denkt, euren Gegner zu treffen, und wenn keine Gedanken und Urteile bleiben; wenn in dem Augenblick, da ihr das heransausende Schwert seht, euer Geist nicht im Geringsten festgehalten wird und ihr augenblicklich handelt und dem Gegner das Schwert entwindet – so wird das Schwert, das euch niederstrecken sollte, euer werden und wird nun das Schwert sein, das euren Gegner niederstreckt.«

Diese »Zen-Weisheit des Kampfes« lässt sich problemlos auch auf unsere Welt übertragen. Dazu muss das heransausende Schwert nur durch etwas anderes ersetzt werden, beispielsweise durch den Auftrag, dass Sie und Ihre Abteilung das Produktdesign für einen Staubsauger gestalten sollen. Jetzt haben Sie natürlich mehrere Möglichkeiten, an dieses Problem heranzugehen, und richtig gewissenhafte Menschen versuchen, so viele wie möglich davon umzusetzen. Sie können sich erst einmal in der Literatur zu dem Thema versenken oder bei der Konkurrenz umschauen, welche gestalterischen Mittel sie bei ihren Staubsaugern eingesetzt hat. Eine weitere Möglichkeit: Sie gehen zu Ihrer Mutter und fragen sie, wie sie sich einen funktionalen und gleichzeitig ästhetischen Staubsauger vorstellt. Falls Sie und Ihre Abteilung genug Geld haben, können Sie auch ein paar Marktforscher beauftragen, damit diese herausfinden, welche ästhetischen und funktionalen Details zurzeit beim Bau von Staubsaugern angesagt sind. Und wenn Sie schließlich zu den berüchtigten einsamen Denkern gehören, können Sie sich mit dem Problem auch noch Tag und Nacht ins stille Kämmerlein zurückziehen, denn bekanntlich ist ja der Stärkste am mächtigsten allein.

Wenn Sie das alles gemacht haben, werden Sie später beruhigt sagen können: »Ich habe alles berücksichtigt und alles gecheckt.« Nur wird leider Ihr Staubsauger sehr wahrscheinlich ein echter Langweiler sein. Der Grund: Sie haben versucht, dass heransausende Schwert zu schnappen.

Sie wollten Strukturen im kreativen Prozess aufbauen, und damit ergeht es der Kreativität meistens so wie der Hand, die den Schwerthieb abfangen will: Sie wird abgeschlagen. Und Sie haben versucht, Ihr Problem von allen Seiten mit allen Details zu beleuchten, um bloß keinen Fehler zu machen. Dazu gibt es ein sehr schönes Zitat von Zen-Meister Takuan Soho:

»Wenn ihr einen Baum anschaut und ein einziges seiner roten Blätter betrachtet, werdet ihr die anderen überhaupt nicht sehen. Wenn aber das Auge sich an keines der Blätter heftet und ihr den Baum betrachtet, ohne irgendetwas im Sinn zu haben, so sind Blätter ohne Zahl dem Auge sichtbar. Nimmt aber nur ein einziges Blatt das Auge gefangen, so ist es, als wären die übrigen Blätter nicht da.«

Fazit

Wer kreative Prozesse strukturiert und organisiert und dabei permanent Angst vor Fehlern hat, wird am Ende wahrscheinlich versagen. Buddhistischer und damit auch konzentrierter und chancenreicher ist es, den geistigen Kräften freien Lauf zu lassen.

Setzen Sie also Ihre Mitarbeiter davon in Kenntnis, dass Sie den Auftrag zur Gestaltung des Staubsaugers bekommen haben. Geben Sie auch noch ein paar Motivationsspritzen ab, so wie »Ich freue mich schon auf Ihre Ideen, denn unsere Leute sind ja für die verrücktesten Sachen bekannt« oder »Ich bin jetzt schon gespannt auf das, was bei Ihnen herauskommen wird«. Erzeugen Sie aber keinen Druck, nach dem Muster: »Ich erwarte von Ihnen, dass morgen die ersten Ergebnisse vorliegen« oder »Das ist unsere letzte Chance. Wenn jetzt nichts Gescheites von uns kommt, kann ich der Direktion gegenüber unseren hohen Personalbestand nicht mehr rechtfertigen.« Wichtig ist: Ihre Leute sollen wissen, worum es im Großen und Ganzen geht, ansonsten aber: keine Einschränkungen (auch keine technischen, denn die kann man später immer noch dis-

kutieren), keine Drohungen, keine Vorschriften. Lassen Sie den Gedanken Ihrer Mitarbeiter einfach freien Lauf! Klar, der eine oder andere wird diese Freizügigkeit dazu nutzen, einfach nur abzuhängen, doch die kreativen Köpfe werden dafür umso mehr aufdrehen. Und darauf kommt es an! Es geht ja nicht darum, mittelmäßiges Potenzial zu öffnen, denn das macht, wie schon Gautama Buddha feststellte, ohnehin nur wenig Sinn: »Wenn auch sein ganzes Leben lang der Tor um den Weisen ist, er wird die Wahrheit nicht verstehen, dem Löffel in der Suppe gleich.« Wichtig ist vielmehr, die hochwertigen Potenziale aus der Reserve zu locken, denn das macht eine tatsächliche Konzentration der Kräfte aus. Und das gelingt Ihnen nur, wenn Sie die Leute geistig an der langen Leine laufen lassen.

Power-Regel Nr. 4:
Vertrauen Sie Ihrem Geist

Und was für das Geschehen in den Köpfen in Ihrer Abteilung gilt, gilt auch für Ihren eigenen Kopf. Wer seine geistigen Kräfte ausschließlich auf das zu lösende Problem lenkt, indem er alles erdenkliche Wissen darüber sammelt, läuft Gefahr, schließlich an der Lösung zu scheitern. Er wird am Ende wohl ein »Meister der Analyse« sein, der das Problem durch und durch erkannt hat, gelöst haben wird er es aber nicht. Im Schachspiel gibt es dieses Phänomen sehr häufig. Die treffendsten Analysen zu einem Spiel zweier Weltklassespieler geben meistens diejenigen ab, die selbst eher nur mittelmäßig spielen, während bei den Akteuren oft das überwiegt, was Ex-Weltmeister Gari Kasparow einmal so deutlich auf den Nenner brachte: »Oft weiß ich selbst nicht, was ich gerade für einen Zug mache. Das muss ich mir dann später von meinem Team erklären lassen.« Daher: Behalten Sie nicht die Details, sondern stets *das Wesen* eines Problems im Auge.

Und dies bedeutet: Vergraben Sie Ihren Kopf nicht unter einer Tonne von Unterlagen zu Staubsaugern und Staubsaugerdesign. Wer bereits einige Jahre in einem bestimmten Beruf arbeitet, sollte schon über ein gewisses Basiswissen verfügen, oder? Ignorieren Sie die Konkurrenz, denn das erhöht die Wahrscheinlichkeit, dass Sie wirklich etwas Neues kreieren. Besuchen Sie ruhig Ihre Mutter, aber nicht, um sie nach ihrem Idealstaubsauger zu fragen, sondern um bei ihr Kuchen zu essen.

Oder buddhistisch ausgedrückt: Erfühlen Sie den Rhythmus des Schwertes, werden Sie eins mit seinem Schwung! In Bezug auf Ihr Staubsauger-Problem könnte dies heißen: Holen Sie aus irgendeinem Altsauger den Beutel heraus und verteilen Sie den Dreck in Ihrem Büro, in die Sofaritzen, unter den Schränken. Schauen Sie Ihren Kindern zu, in welchen versteckten Ecken und Ritzen sie Dreck deponieren. Gehen Sie ins Aquarium und beobachten Sie, welches Tier Sie am ehesten an einen

Staubsauger erinnert? Der Wels oder der Taschenkrebs? Aber das sind eigentlich alles schon zu viele Anweisungen. Wichtig ist allein: Ob Staubsaugerdesign, Examensprüfung, Personalentscheidung oder Investmentstrategie: Gönnen Sie Ihrem Geist die Freiheit, sich von selbst dem Problem zu widmen, sorgen Sie aber gleichzeitig dafür, dass er ruhig ist, nicht hektisch von einem Gegenstand zum nächsten driftet (die Meditation kann Ihnen hierbei helfen). Und dazu schenken Sie ihm am besten Ihr volles Vertrauen. Denn mit Ihrem Geist verhält es sich wie mit Ihren Mitarbeitern: Man muss ihm entspannt und fürsorglich, gleichzeitig aber auch wachsam und konzentriert vertrauen, damit er seine Ressourcen vollständig zur Entfaltung bringen kann.

4
Make life simple: Die Kunst, das Einfache im Großen und das Große im Einfachen zu sehen

»Der Große Weg an sich
ist ruhig und weit –
weder leicht
noch schwer.
Kleinliches Denken
führt zu Zweifel und Zaudern;
je mehr man eilt,
desto mehr bleibt man zurück.«

Seng-ts'an, chinesischer Zen-Buddhist (6. bis 7. Jahrhundert),
»Hsin-hsin-ming« (Die Meißelschrift vom Glauben an den Geist)

Im Buddhismus gibt es eine schöne Geschichte über
die Macht der Einfachheit. Stellen Sie sich vor, Sie
stehen barfuß mitten auf einer Straße, die mit spitzen Scherben übersät ist. Leider führt diese Straße
genau dorthin, wo Sie etwas Wichtiges zu erledigen
haben. Sie müssen sich also etwas zu Ihrem Barfuß-
Scherben-Problem einfallen lassen. Da kommt ir-
gendjemand vorbei und sagt Ihnen, dass er Ihnen
massenweise dickes Leder zur Verfügung stellen
könnte. Sie haben nun zwei Möglichkeiten: die
ganze Straße mit Leder zu überziehen oder aber sich
aus bedeutend weniger Leder ein Paar Schuhe anzufertigen. Was werden Sie tun? »Natürlich«, werden

Sie sagen, »ich wähle die leichtere Alternative, mache mir lieber ein Paar Schuhe, anstatt die ganze Straße mit Leder zu belegen. Ich bin doch nicht blöd.«

Tatsache ist jedoch, dass wir im Alltag oft genau das andere tun. Wir beklagen nämlich, wie schlecht es uns geht, jammern über unseren Chef und unsere Angestellten, über die miese Stimmung am Arbeitsplatz und das niedrige Gehalt. Und auch zu Hause fühlen wir uns missverstanden, von unserer Frau, unseren Kindern, und selbst unser Hund gehorcht uns nicht. Als Konsequenz fangen wir an, uns zu beschweren oder die Wesen um uns zu manipulieren oder aber unseren Frust in uns hineinzufressen. All das bringt nichts als Ärger und Unannehmlichkeiten, möglicherweise macht es uns sogar krank. Und warum? Weil wir versucht haben, die Straße mit Leder zu überziehen, anstatt uns ein Paar Lederschuhe anzufertigen.

Es passiert immer wieder, dass wir den Wald vor lauter Bäumen nicht sehen, dass wir uns in hoch komplizierten Lösungsansätzen verstricken, um am Ende mit leeren Händen dazustehen. Es gibt Firmen, die finden selbst nach unzähligen Brainstormings, Projektgesprächen und Marktanalysen keine probaten Lösungen für ihre Marketingprobleme, während andere einen qualitativ hochwertigen Schnellschuss nach dem anderen zur Lösung desselben Problems abfeuern. Es gibt Männer und Frauen, die viele Stunden bei Paar- und Psychotherapeuten gesessen haben, um am Ende doch vor dem Scheidungsrichter zu stehen, während andere

30 Jahre und länger zusammenleben und sich tatsächlich immer noch lieben. Es gibt Doktoranden, die so lange an ihrer Doktorarbeit feilen, bis sie kurz davor stehen, vom Bafög direkt in die Rente überzuwechseln, während andere schon während ihrer Promotion mit dem Arbeiten anfangen und dennoch früher als andere ihre Doktorprüfung ablegen. Die einen legen Leder auf der Straße aus, die anderen ziehen sich Lederschuhe an, um heil über die Scherben zu kommen. Im Folgenden finden Sie wichtige Hinweise, wie Sie zu einem beschuhten Scherbengänger werden können.

Make-it-simple-Regel Nr. 1:
Erfassen Sie die einfachen Wahrheiten

Natürlich gibt es Themen, über die man ausgiebig diskutieren, bei denen man analysieren, abwägen und akribisch vorbereiten muss. Einige Dinge wachsen sogar erst dadurch, dass sich viele Menschen lange Zeit über sie den Kopf zerbrechen. Doch oft verhält es sich auch ganz anders. Da wird stundenlang debattiert und diskutiert und letztlich hat man massenweise Zeit verschwendet – ohne ein brauchbares Resultat erhalten zu haben. Das liegt meistens an zwei menschlichen, allzu menschlichen Eigenschaften: der Eitelkeit und der Unfähigkeit, einfache Wahrheiten zu erkennen.

Über Eitelkeit und Ichbezogenheit und wie wir uns von ihnen lösen können, wurde bereits in Kapitel 3 gesprochen. Die Unfähigkeit, einfache Wahrheiten zu erkennen, ist ähnlich gestrickt, denn auch sie entspringt dem Anhaften an dem, was wir in unserem Leben erlernt und erlebt haben. Das bedeutet: Die meisten Menschen wollen beim Lösen eines Problems unbedingt ihre Ausbildung und ihre Geschichte einbringen, anstatt sich dem Problem an sich zu stellen und es so zu lösen, wie es notwendig ist. Ein Beispiel soll dies verdeutlichen.

In einem Buchverlag wurde ein Werk mit dem Titel »Fatblocker« geplant. Darunter verstand der Autor Biostoffe und Nahrungsmittel, die unseren Körper daran hindern, Fette aus der Nahrung aufzunehmen. Der Clou: Man braucht dank Fatblockern nicht mehr akribisch auf die Kalorien und Fettanteile seines Essens zu achten. Dieses Argument sollte viele Diätwillige dazu bringen, das Buch zu kaufen. Der Autor lieferte sein Manuskript pünktlich ab und alles war in Ordnung. Doch dann machte sich die Redakteurin, eine ausgebildete Ernährungswissenschaftlerin, an die Bearbeitung des Werkes. Ihre erste Amtshandlung: Sie schmiss sämtliche fettreichen Nahrungsmittel aus den Rezepten des Buches. Ihre zweite Amtshandlung: Sie garnierte sämtliche Rezepte mit Fett- und Kalorientabellen. Am Ende war aus einem spritzig-provozierenden Ratgeber mit Bestsellerqualitäten eine mittelmäßige Rezeptsammlung neben vielen anderen geworden. Auf diese Veränderungen reagierte der Autor natürlich verärgert. Das mündete in einem Hin und Her von Korrekturfahnen und schließlich verzögerte sich sogar das Erscheinen des Buches.

Die Redakteurin hätte den Ärger verhindern können, hätte sie den Gag des Buches, nämlich die Fatblocker-Idee, pointiert zur Geltung gebracht. Das wäre ihre Aufgabe im Sinn des Verlags und damit ihre eigentliche Wahrheit als Redakteurin gewesen, während das Beharren auf dem, was sie gelernt hatte, nichts anderes war als eitles Anhaften.

Fazit
Gerade zu Beginn einer Karriere versucht man gern, seine »Schätze« aus den Zeiten von Ausbildung und Studium ins Berufsleben hinüberzuretten. Unsere Moralvorstellungen sind oft geprägt von noch weiter zurückliegenden Weisheiten, die uns Eltern und Lehrer in unserer Kindheit und Jugend eingetrichtert haben. Ein großer Fehler! Denn im Berufsleben zählt selten, was wir gelernt haben und als geschichtliches Pfand einbringen, sondern vielmehr die aktuelle Fähigkeit, die an uns gestellten Anforderungen zu erfüllen. Dies bedeutet nicht, dass alles Erlernte hinfällig ist, doch sollte man seine eigene Geschichte nicht zum Maßstab seines beruflichen Handelns machen, sondern die aktuelle Funktion, die man ausübt.

Das ist die einfache Wahrheit hinter Ihrem Job, und es ist ratsam, sie zu akzeptieren. Denn nur das bringt

Erfolg – und es ist, auch wenn Begriffe wie »Anforde-
rungen erfüllen« nicht danach klingen, zutiefst bud-
dhistisch. Schon der alte Zen-Meister Eihei Dogen
(1200–1253) sagte: »Sich selbst ergründen heißt sich
selbst vergessen.« Also: Befreien Sie sich von Ihrem in-
dividuellen historischen Ballast! Lassen Sie sich nur
einnehmen von dem, was im Augenblick angesagt ist!
Versenken Sie sich in Ihre aktuellen Tätigkeiten, ohne
all das Wenn und Aber in Ihrem historischen Hin-
terkopf. Nur so erlangen Sie Gewissheit über das, was
Sie gerade sind und was Sie wirklich können.

Make-it-simple-Regel Nr. 2: Erfassen Sie die unausgesprochenen Wahrheiten

Der Zen-Buddhismus hat immer wieder betont, dass die reine, unbedingte Wahrheit jenseits dessen liegt, was mit Worten gesagt werden kann. In den Geschichten, die von alten Zen-Meistern überliefert sind, kommt dieses Wahrheitsverständnis oft zu einem witzigen und paradoxen, in jedem Fall für uns schwer nachvollziehbaren Ausdruck. Wie in der Legende von Daian und Sozan, zwei Zen-Vertretern des 9. Jahrhunderts.

Von Zen-Meister Daian stammt der Ausspruch: »Sein und Nichtsein gleichen der Schlingpflanze, die den Baum umrankt.« Sozan fuhr daraufhin zu Daian und fragte ihn: »Was geschieht, wenn der Baum gefällt wird und die Schlingpflanze dahin- welkt?« Ihn bewegte nämlich die Frage, was mit unserem Denken passiert, wenn wir die Begriffe »Sein« und »Nichtsein« in ihm löschen. Der Meister war gerade damit beschäftigt, eine Mauer aus Lehm zu errichten. Und statt zu antworten, warf er den Schubkarren um, den er schob, lachte laut und ging davon. Der enttäuschte Sozan zog zu einem anderen Meister. Doch dieser verhielt sich ähnlich wie zuvor Daian. Da dämmerte Sozan, was ihm die Meister wortlos geantwortet hatten: Solange unser Geist angefüllt ist mit Ideen von Sein und Nichtsein, Geburt und Tod, Bedingtem und Unbedingtem, Ursache und Wirkung, so lange sind wir gefangen in Worten und Begriffen und noch fern der Wahrheit. Erst wenn wir nicht mehr zu den Zuschauern, Kritikern, Ideenschwärmern, Wortemachern und Logikern gehören, sondern uns in die unmittelbare Wirklichkeit des Lebens hineinbegeben, werden wir eine Ahnung von der Wahrheit bekommen, die jenseits aller Worte liegt.

Ein guter Manager weiß, dass die Wahrheit sehr oft jenseits aller Worte liegt und erspürt, erfühlt werden will. Einige Beispiele: Als vor etwa zehn Jahren eine Autorin ein Buch über Apfelessig geschrieben hatte, gab ihm kaum jemand eine Chance, denn Apfelessig ist nicht überragend gesund und schmeckt auch nicht besonders gut. Das Buch wurde mit über zwei Millionen verkauften Exemplaren zum Mega-Bestseller. Und der Apfelessig selbst wurde zum absoluten Trendprodukt und schließlich sogar in Kapselform verkauft. Die Frau und ihr Verlag hatten offenbar den richtigen Riecher beziehungsweise, um es buddhistisch auszudrücken, ein Gespür für die unausgesprochene Wahrheit gehabt, dass die deutsche Öffentlichkeit reif war für den Apfelessig.

Noch mehr als in zwischenmenschlichen Beziehungen im Berufsleben kommt es in privaten Partnerschaften darauf an, dass man das Unausgesprochene fühlt. Es ist sicher gut, wenn zwei intim verbundene Menschen gut miteinander reden können. Wer sich abends nur noch vor dem Fernseher anschweigt, sorgt nicht unbedingt für Zufriedenheit und Glücksgefühle in der Partnerschaft. Doch oft ist es wichtiger, dass man sich wortlos versteht, dass man sich auf bestimmte Reaktionen und Verhaltensweisen des Partners verlassen kann, ohne mit ihm darüber sprechen zu müssen. Dass man sich nicht von Eltern, Schwiegereltern und Kindern gegeneinander ausspielen lässt (was diese immer wieder gern versuchen), sondern fest zum Partner hält. Dass man sich gegenseitig Aufgaben und Pflichten abnimmt, ohne es planen zu müssen. All dies setzt natürlich Vertrauen voraus – und deshalb soll darüber als Nächstes gesprochen werden.

Make-it-simple-Regel Nr. 3: Kontrolle ist gut, Vertrauen ist besser

Kennen Sie folgende Geschichte? Ein alter Herr saß in der Praxis seines Hausarztes und jammerte, dass sich niemand um ihn kümmern würde, nicht einmal der Arzt. Als dieser ihn einige Tage später besuchte, brummelte der alte Herr seiner Frau zu: »Kein Wunder, dass der kommt, bekommt ja auch eine Stange Geld für seine Hausbesuche.«

Manchen Menschen kann man es nie recht machen, sie haben immer etwas zu mäkeln. Der Hauptgrund dafür ist, dass sie ihren Mitmenschen einfach nichts Gutes zutrauen, dass sie kein Vertrauen zu ihnen haben. Doch wenn wir ehrlich zu uns sind, dann müssen wir feststellen, dass es eigentlich auch in unserem Leben nur wenige gibt, denen wir wirklich vertrauen. Einige trauen nicht einmal mehr der eigenen Ehefrau oder dem eigenen Ehemann, und den eigenen Kindern auch nicht. Die meisten Menschen trauen allenfalls noch ihrer Mutter, und auch das weniger aus innerer Überzeugung denn aus Gewohnheit, weil die uns ja immerhin an ihrem Busen genährt und den Popo abgewischt hat.

Der zunehmende Vertrauensverlust in unserer Zeit ist einer der wesentlichen Gründe dafür, dass das Leben so schwer, so wackelig und unstet geworden ist. Denn Vertrauen macht das menschliche Zusammenleben nicht nur erträglich, es ist die Grundlage allen Glückes. Es bedeutet, im sozialen Miteinander Ungewissheit und Ängste herauszunehmen. Der deutsche Soziologe Niklas Luhmann (1927–1998) sagte einmal: »Die Bewältigung des Lebens besteht im Wesentlichen darin, dessen Komplexität zu reduzieren.« Und eines der wichtigsten Instrumente dazu ist das Vertrauen, denn es ist uns nahezu unmöglich, alles zu überprüfen und zu kontrollieren; deswegen müssen wir uns auf andere verlassen.

Nun werden wahrscheinlich viele ein Veto einlegen und sagen: »Na ja, mag sein, dass Vertrauen das Leben einfacher macht. Doch ich habe schon so vielen vertraut und bin dabei so oft enttäuscht worden, dass ich mir heute dreimal überlege, ob ich noch jemandem mein Vertrauen schenke.« In der Tat: Wird unser Vertrauen missbraucht, so ist dies eine schlimme Erfahrung, die uns später hindert, wieder Vertrauen zu schenken. Doch das eigentliche Problem besteht darin, dass wir häufig zu viele Erwartungen und Hoffnungen in unsere Mitmenschen setzen, die diese gar nicht erfüllen können. Mit anderen Worten: Wir vertrauen ihnen, obwohl sie per se dieses Vertrauen gar nicht wollen und auch gar nicht verdient haben. Und da bleiben Enttäuschungen nicht aus.

Ein Beispiel: Sie legen Ihr gesamtes Vertrauen in den Leiter der Personalabteilung, in der Hoffnung, dass er Ihre Karriere in die richtigen Wege leiten werde. Sie bringen ihm Kaffee, halten ihm die Tür zum Fahrstuhl auf und setzen sich in der Kantine an seinen Tisch. Das ist in Ordnung, wenn Sie ihn wirklich nett finden. Doch wenn Sie all das nur machen, weil Sie hoffen, dass es Ihrer Karriere förderlich ist, werden Sie wahrscheinlich enttäuscht. Denn dazu ist er meistens gar nicht in der Lage. Zwar glauben viele Führungskräfte, dass Karriereplanung Sache der Personalabteilung sei, doch die hat anderes zu tun. Tatsache ist: Nur wenige Unternehmen entwerfen Karrierepläne für angehende Führungskräfte, geschweige denn für die anderen Mitarbeiter. Das bedeutet, Sie allein, und sonst niemand, sind für Ihren Lebensweg und Ihre Karriere verantwortlich.

Es ist also ein Fehler, in der persönlichen Karriereplanung auf Ihren Personalchef zu setzen. Wenn am Ende Ihr Vertrauen in ihn enttäuscht wird, so ist das nicht seine Schuld, sondern allein Ihre – Sie haben nämlich unberechtigte Hoffnungen in ihn gesetzt.

Fazit
Machen Sie nicht die Schlechtigkeit der Welt für Ihren Vertrauensverlust verantwortlich. Der tatsächliche Schuldige dafür liegt meistens in uns selbst, in unserer Vermessenheit (im wahrsten Sinn des Sich-Vermessens, des falschen Einschätzens), von den Menschen immer irgendetwas zu erwarten, anstatt sie so zu nehmen, wie sie sind. Und auch der altbekannte Satz »Der Mensch ist schlecht«, der einst von Heraklit ins Orakel von Delphi eingemeißelt wurde, ist nichts anderes als eine Projektion unserer eigenen Schlechtigkeit auf andere. Die eigentliche Buddha-Wahrheit zum Wesen des Menschen sieht ganz anders aus.

Make-it-simple-Regel Nr. 4:
Der Mensch ist nicht schlecht

Wir glauben häufig, dass die Menschen uns Böses wollen. Dieser Glaube scheint sich mit jedem Tag zu bestätigen, den wir auf der Welt sind, und er scheint eine Art »ewige Wahrheit« darzustellen. Schon bei den Urvätern der Demokratie, wie etwa Thomas Hobbes (1588–1679), hieß es, der Mensch sei des anderen Menschen Wolf.

Der Buddhismus hat derartige »Weisheiten« niemals hinnehmen wollen. Dass die Welt und das Leben des Menschen wesentlich als Leiden bestimmt ist, steht für Buddha fest. Doch dieses Leid fügen uns nicht andere zu, sondern wir uns selbst. Weil wir nämlich wollende, begehrende Wesen sind, die immer nach etwas streben, und wenn wir dieses Etwas erreicht haben, entweder wieder etwas Neues wollen oder aber uns langweilen. In diesem Szenario, so Buddha weiter, sind die anderen Menschen allenfalls Objekte, die unserem Wollen hinderlich oder förderlich sind, aber sie sind nicht die tatsächlichen Schuldigen für unser Leiden. Wer so denkt, hat das Wesen der Welt nicht begriffen; er wird vielmehr immer tiefer verstrickt in Zorn, Hass und anderen destruktiven Gefühlen, ohne Aussicht auf Glück. Im »Dhammapada« des Buddha heißt es:

»Geschlagen hat er mich, beschimpft,
hat mich besiegt, hat mich beraubt!
Wer solchem Denken sich gibt hin,
in dem kommt niemals der Hass zur Ruh'.«

Wie aber kann man diesen Hass zum Schweigen bringen? Man sollte sich vorstellen, dass der angebliche Feind oder die angebliche Feindin ebenfalls unter der Herrschaft einer unwiderstehlichen inneren Kraft steht. Mit anderen Worten: Unser Gegenüber hält uns ebenfalls für gefährlich, sieht in uns das Hindernis, das sein Glück bedroht. Und es ist, genauso wie wir, ganz und gar von diesen negativen Gefühlen eingenommen.

Machen Sie diesen Gedanken zum Objekt Ihrer Meditationen. Sie werden sehen, am Ende werden Sie keinen Grund mehr haben, Ihre Mitmenschen zu hassen – Sie werden allenfalls den Hass selbst hassen. Der Mahayana-Buddhist Shantideva sagte dazu:

»Alle Umstände werden von anderen Umständen gelenkt, diese wiederum werden ebenfalls von anderen Umständen gelenkt, so gibt es nichts, was sich selbst lenkt. Sobald ich das erkannt habe, verspüre ich keinen Hass mehr gegen irgendetwas, das nur ein Trugbild meiner Vorstellung ist.«

Mit anderen Worten: Es macht überhaupt keinen Sinn, jemanden zu hassen, der genauso von negativen Gefühlen beherrscht wird wie Sie, denn er ist ja nicht Herr über sich selbst. Das Einzige, was Sinn macht, ist die Überwindung des Hasses selbst. Und dazu sagt Buddha im »Dhammapada«:

»Nicht der Hass besiegt den Hass. Allein die Liebe besiegt den Hass.« Doch davon später mehr.

5
Meditation:
Mehr als nur Entspannung

»Ruhe auf natürliche Weise
wie ein kleines Kind.
Ruhe wie ein Meer ohne Wellen.
Ruhe in der Klarheit wie eine Kerzenflamme.
Ruhe ohne Sorge um das Deinige
wie ein Leichnam.
Ruhe unbewegt wie ein Berg.«

Milarepa, tibetischer Yogi (1052–1135), »Die Gesänge eines Yogi«

Meditation gibt es nicht nur im Buddhismus, sondern auch in vielen anderen religiösen und philosophischen Systemen. Dennoch ist sie im Zusammenhang mit dem ostasiatischen Denken
sicherlich am bekanntesten geworden. Und das hat
auch Nachteile, denn spirituelle Errungenschaf-
ten aus dem fernen Asien werden hierzulande gern
überschätzt und mit einer elitären Geisteshaltung
verknüpft. So entstehen in jüngerer Zeit immer
wieder Meditationsschulen, die das Potenzial ihrer
Mitglieder erhöhen wollen, sie gewissermaßen zu
»höheren Menschen« formen wollen, die insbe-
sondere geistig dem Gros der Menschen überlegen

sind. Dabei werden oft auch religiöse oder quasi-religiöse Werte vermittelt. All das ist jedoch für eine Meditation letztlich unerheblich. Meditation macht nicht überlegen, sondern sie lenkt unseren Geist in eine Richtung, die prinzipiell – bei entsprechendem Training – jeder einschlagen kann. Und sie kann wohl mit einer Religion verbunden sein, muss aber nicht. In erster Linie ist sie eine individuelle Übung. Es liegt allein an Ihnen, ob Sie Ihnen nutzt.

Die zwei Grundformen der Meditation

In unseren Breiten wurden vor allem zwei Grundformen der Meditation bekannt:
– die Zen-Meditation (ZM) und
– die Transzendentale Meditation (TM).
Ihnen ist gemeinsam, dass sie uns entspannen – eine Entspannung, die sich auch mittels Hirnstrommessungen (EEG) durch ein vermehrtes Auftreten von so genannten Alphawellen nachweisen lässt. Darüber hinaus haben sie den Vorteil, für uns abendländische Menschen – sofern wir uns ihnen vorbehaltlos öffnen – relativ leicht nachvollziehbar zu sein. Trotzdem können natürlich auch ZM und TM nicht alle Menschen ansprechen. In einer Analyse verschiedener Studien zur Meditation fand der deutsche Psychologe Theo Georg Feher heraus, dass Menschen, die gesellig, lebhaft, unternehmungslustig, dominant

und leicht erregbar sind, überdurchschnittlich häufig ihre Meditationskurse abbrechen. Das bedeutet natürlich nicht, dass Sie – wenn Sie mit diesen Charakterzügen ausgestattet sind – von vornherein unfähig sind, meditative Techniken zu erlernen. Doch Sie müssen in diesem Fall mehr als andere mit Schwierigkeiten rechnen.

Andererseits: TM und ZM sorgen nicht nur für Entspannung, sie bilden auch die notwendige Basis für tiefer gehende Übungen, mit denen Sie sich von negativen Emotionen wie Neid und Eifersucht, Schuld und Hass befreien können. Sie helfen auch dabei, sich bestimmte Gesundheitsprobleme zu vergegenwärtigen und sie dadurch psychosomatisch in den Griff zu bekommen. All diese Übungen werden später vorgestellt. An dieser Stelle geht es erst einmal darum, die meditative Grundlage dafür zu schaffen.

Der richtige Zeitpunkt

Grundsätzlich kann man zu jeder Zeit meditieren. Jeder Zeitpunkt hat seine Vor- und Nachteile. Wer am Vormittag meditiert, mitten aus dem Stress des Alltags heraus, muss damit rechnen, dass er länger brauchen wird, um seine Gedanken zu beruhigen; auf der anderen Seite empfindet man gerade am Vormittag oftmals das Bedürfnis nach Entspannung. Wer am Nachmittag im Anschluss ans Mittagessen meditiert, muss damit rechnen,

dass er einschläft; andererseits fördern Entspannungsübungen nachweislich die Verdauungstätig-
keiten von Magen und Darm, was besonders
nach einem opulenten Mahl von Nutzen ist. Wer
am Abend meditiert, wenn er gerade nach Hause
gekommen ist, muss damit rechnen, dass er immer wieder von Erinnerungen an die Erlebnisse
des Tages eingeholt wird; andererseits hat man
dann in der Regel nichts Aufregendes oder gar
Unangenehmes mehr vor, sodass der Geist weniger mit bangen oder freudigen Erwartungen
zu kämpfen hat. Letztlich müssen Sie aber selbst
herausfinden, welcher Zeitpunkt für Sie der richtige ist.

Die richtige Körperhaltung

Es ist viel darüber gestritten worden, welche Position für das Meditieren die richtige ist und ob es
überhaupt von Bedeutung ist, ob man den Lotos-
oder den Kutschersitz des Autogenen Trainings
einnimmt, auf einem Hocker sitzt oder auf dem
Boden liegt. Der Zen-Buddhismus legt auf die
Körperhaltung größeren Wert als die Transzendentale Meditation. Die Grundhaltung hierbei ist
der Lotossitz: linker Fuß auf rechtem Oberschenkel, rechter Fuß auf linkem Oberschenkel, mit
durchgedrückter Wirbelsäule, damit der Bauch
locker nach vorne durchsackt und das Zwerchfell bei der Atmung frei arbeiten kann; Ohren

und Schultern auf einer Linie, die Schultern sind entspannt, der Hinterkopf wird nach oben geschoben, das Kinn angezogen, die Hände in der Mudra-Haltung (linke auf rechter Hand bei Rechtshändern, rechte auf linker Hand bei Linkshändern, die Mittelglieder der Mittelfinger sind zusammen, die Daumen berühren sich leicht). Zen-Meister haben ihre Gründe für diese Haltung, und sie legen großen Wert darauf, dass man sie im Rahmen seiner körperlichen Möglichkeiten auch wirklich einnimmt. Denn: »Es ist unmöglich, Dinge zu gestalten, wenn man nicht selbst in Ordnung ist.« (Allgemeines buddhistisches Lehrzitat.)

Wichtig ist: Ihre Haltung darf beim Meditieren nicht schmerzen und zur Verkrampfung führen, sie darf aber auch nicht zu bequem sein. Denn Bequemlichkeit verführt dazu, dass man sich fallen lässt, und wer sich fallen lässt, verliert sein Selbst: Seine Gedanken schweifen umher, und er wird Probleme haben, sich darauf zu konzentrieren, dass er genau hier und jetzt existiert. Deshalb ist sitzen besser als liegen. Und aufrecht auf einem Hocker beziehungsweise auf dem Boden zu sitzen ist besser, als in einem weichen Sofa zu versinken. Der Rücken muss in natürlicher Form durchgedrückt sein, das Zwerchfell wird nach unten gegen das *Hara*, den Unterleib, gedrückt. Beim Sitzen auf Stuhl oder Hocker stehen die Füße parallel auf dem Boden, Unter- und Oberschenkel bilden einen rechten Winkel. Beim Sitzen auf

dem Boden sind die Beine entweder im Lotos-
oder aber im Schneidersitz überkreuzt. Die Hände
liegen locker im Schoß.

Transzendentale Meditation (TM)

Ziel dieser Form der Meditation ist es, wie es der
indische Mönch Maharishi Mahesh Yogi erklärt,
»die Aufmerksamkeit nach innen, den subtileren
Ebenen eines Gedankens zuzuwenden, bis der
Geist das Erlebnis des subtilsten Zustands des
Gedankens transzendiert und an der Quelle des
Gedankens ankommt«. Es gibt zwei Grundan-
nahmen, auf denen TM beruht. Zum einen, dass
subtilere Gedankenebenen den Geist in zuneh-
mendem Maß erfreuen; und zum anderen, dass
unsere Aufmerksamkeit auf natürliche Weise
dazu neigt, sich erfreulichen Erlebnissen zuzuwenden. Und dies bedeutet: Die Transzendentale
Meditation ist kein Kraftakt, den wir gegen den
Willen unseres Geistes durchpauken müssen, sondern eine zwanglose Tätigkeit, bei der der Geist
seinen natürlichen Hang zur Freude wieder ent-
deckt.

Zur Technik der TM gehört die Wiederholung
eines Mantras (Silben, Wörter oder Sätze ohne Bedeutung) für die Dauer von 15 bis 20 Minuten, am
besten täglich. Der Meditierende sitzt dazu in einer
angenehmen Haltung, bei der die Wirbelsäule
senkrecht steht. Atmen Sie zunächst mit geschlos-

senen Augen ein paarmal tief ein und aus, um sich zu beruhigen, erst dann beginnen Sie mit der stillen Wiederholung eines Mantras oder eines bestimmten Lautes. Welches Mantra Sie wählen, bleibt Ihnen überlassen. Sie können es sich von einem Lehrer sagen lassen oder aber sich selbst eines ausdenken. Wichtig ist: Es muss aus einem Laut oder einer kurzen Silbe bestehen, die möglichst weich klingen sollten (also keine harten »Ts« oder »Rs«). Das Mantra darf außerdem keine Bedeutung für Sie haben, die Sie zu Assoziationen verleiten könnte.

Zweck des Mantras ist, Ihre Aufmerksamkeit auf sich zu ziehen, um Ihren Geist zu beruhigen. Falls dies nicht gleich hundertprozentig klappen sollte, dürfen Sie nicht enttäuscht sein und keinesfalls zornig werden. Denn es ist normal, dass über den Rhythmus des Mantras Gedanken und Bilder auftauchen. Maharishi sagt dazu, der Meditierende solle den Geist leicht über diese Gedanken und Bilder hinwegfließen lassen, aber nicht gestatten, dass sie ihn von der Meditation ablenken. Sofern die »Eindringlinge« leicht übergangen werden können und das Mantra im Mittelpunkt der Aufmerksamkeit des Meditierenden bleibt, wird sich der Erfolg einstellen und es werden sich Durchbrüche zu neuen Erfahrungen ergeben. Lassen Sie es einfach auf sich zukommen!

Zen-Meditation

Auch bei der Zen-Meditation geht es um die Schulung der Achtsamkeit, »denn ohne diese Achtsamkeit übernimmt der unruhige Gedankenstrom des Heuschreckengeistes wieder die Herrschaft, und er bringt Verzweiflung und Täuschung – so wie die Wellen, die der Wind hoch peitscht, das Wasser in einem See trüben« (allgemeines buddhistisches Lehrzitat). Die klare Sicht der Welt ist das Ziel der Zen-Meditation, die ebenfalls am besten täglich durchgeführt wird. Im Folgenden wird beschrieben, wie sie an Ihrem Arbeitsplatz, auf Ihrem Bürostuhl durchgeführt werden kann.

Setzen Sie sich auf das vordere Drittel des Sitzes, das Becken etwas nach vorn gekippt, sodass sich der Unterleib entspannen kann. Der Rücken ist gerade, aber entspannt, im unteren Teil leicht durchgedrückt. Die Füße stehen flach auf dem Boden, nicht zu eng beieinander, damit Knie und Oberschenkel nicht auseinander driften. Die Hände liegen locker im Schoß, die Daumen berühren sich leicht.

Die Augen werden *nicht* ganz geschlossen. Senken Sie den Blick so weit, dass er auf einem bequemen Platz auf dem Boden ruht. Nach Auffassung des Zen sollen wir mit einem aufmerksamen, aber auf nichts konzentrierten Blick schauen, so als wäre der Blick ein Wasserstrom, der etwa einen Meter weit vom Auge wegfließt und sich über die Gegenstände im Gesichtsfeld ausbreitet.

Atmen Sie jetzt durch die Nase. Manche spüren dabei, wie ein kühler Luftstrom innen an den Nasenflügeln vorbeizieht, andere fühlen Kälte auf der Oberlippe. Die Bauchdecke hebt und senkt sich langsam und stetig. Tun Sie nichts, was für Sie unnatürlich ist. Es gibt viele Formen der Meditation, bei denen die Atemzüge gezählt werden – dies ist aber nicht im Sinn der Zen-Meditation.

Atmen Sie am Beginn zwei- bis dreimal tief durch, nur um die Atemwege frei zu machen. Danach atmen Sie so, wie es für Sie natürlich ist. Gut ist es, wenn Sie sich der Atemempfindungen vom Beginn des Einatmens bis zu seinem Ende bewusst werden. Dies gelingt Ihnen beispielsweise, indem Sie beim Einatmen »ein«, beim Ausatmen »aus« zu sich sprechen. Der thailändische Zen-Meister Ajahn Chah empfiehlt, den Atem als einen Verwandten zu betrachten, der uns besuchen kommt:

»Wenn ein Verwandter geht, begleiten wir ihn hinaus und verabschieden ihn. Wir schauen ihm nach, bis er aus unserem Gesichtsfeld verschwunden ist, und dann gehen wir wieder hinein. Den Atem beobachten wir auf die gleiche Weise. Wenn der Atem grob ist, wissen wir, dass er grob ist, wenn er zart ist, wissen wir, dass er zart ist. Während er zunehmend zarter wird, folgen wir ihm weiter, während wir gleichzeitig den Geist erwecken. Schließlich verschwindet der Atem ganz, und alles, was bleibt, ist das Gefühl der Wachheit. Das ist das, was wir *den Buddha treffen* nennen.«

Wer Buddha treffen will, darf nicht versuchen, absichtlich zu denken, er darf aber auch nicht versuchen, absichtlich nicht zu denken. Das ist nicht leicht. Gerade am Anfang ist es normal, wenn immer wieder störende Gedanken und Erinnerungen aufkommen. Ein guter Rat aus dem Zen lautet dazu: »Wir brauchen uns nicht vor dem Aufkommen von Gedanken zu fürchten, nur davor, es zu spät zu bemerken.« Bleiben Sie also entspannt, werden Sie nicht zornig, nach dem Motto »Ich bin einfach zu dämlich zum Meditieren!«. Es reicht, wenn Sie den ablenkenden Gedanken so schnell wie möglich bemerken und ihn mit einem entsprechenden, wertneutralen Begriff benennen, beispielsweise »Denken« oder »Gedanke«. Dann sollten Sie wieder zur eigentlichen Aufgabe zurückkehren, also zur Atemempfindung. Versuchen Sie, die Rückfälle in den Heuschreckengeist so schnell wie möglich zu bemerken, aber ohne Ehrgeiz und ohne Zorn. Mit der Zeit werden Sie die gedanklichen Störfelder bereits erkennen, *bevor* sie auftauchen, indem Sie spüren, dass sich Ihr Geist von der Atemübung abwenden will. Bemühen Sie sich also darum, die Gedanken unablässig wahrzunehmen – so wie wir einen Hund jedes Mal »bei Fuß« rufen, wenn er wegläuft: energisch, aber nicht zornig und ärgerlich (der Hund folgt in der Regel auch nicht, wenn man zornig ist, denn er spürt es und hat Angst vor der Strafe).

Die Übung ist beendet, wenn Sie glauben, keine weitere Vertiefung Ihres meditativen Zustands erreichen zu können. Dies ist in der Regel nach 30 bis 45 Minuten der Fall.

Meditation mit Bildern, Texten oder Musik

Neben den ursprünglichen mehr oder weniger gegenstandslosen Meditationen haben sich auch Formen der Versenkung entwickelt, bei denen bestimmte Objekte zugelassen sind. Diese Verfahren haben den Vorteil, dass wir unserem objektverbundenen Geist des Abendlands mehr entgegenkommen.

Bildmeditation

Wählen Sie ein Bild, das nicht plump und billig ist, dessen Inhalt also nicht wie bei einem schlechten Foto direkt ins Gesicht springt. Prinzipiell sollte es Ihnen natürlich gefallen, es darf Sie aber nicht in irgendeiner Weise erregen. Es sollte so groß sein, dass Sie es von Ihrem Meditationsplatz aus gut sehen können, ohne es in die Hand nehmen zu müssen. Lassen Sie sich beim Betrachten von der Gestaltung sowie von den Symbolen und Farben des Bildes leiten. Beobachten Sie, was diese bei Ihnen auslösen. Betrachten Sie das Bild mal als Ganzes, mal in seinen Details. Treten Sie schließlich in das Bild ein, werden Sie zu einem Wanderer, der sich vorbehaltlos in die Welt des Künstlers entführen lässt.

Textmeditation

Hier steht ein Text im Mittelpunkt der Betrachtung. Früher waren es Texte aus religiösen Schriften, es können aber auch Gedichte sein. Wichtig ist, dass der Inhalt nicht unmittelbar ins Auge springt, sondern eher abstrakter oder symbolischer Natur ist. Auch dürfen die Texte nicht aggressiver oder erotischer Natur sein – denn dadurch werden Sie zu sehr vom Zustand der Meditation abgelenkt!

Versetzen Sie sich mithilfe einer der oben beschriebenen Atemübungen in den Zustand der Entspannung, bei regelmäßiger Übung sollte dies nicht länger als fünf Minuten dauern. Dann lesen Sie den Text erst einmal ganz, und zwar sehr langsam. Finden Sie eine Stelle, die besonders auf Sie zutrifft, Sie besonders berührt? Lassen Sie dieses Gefühl zu und stellen Sie eine Verbindung zu dem Text her, kleben Sie jedoch nicht an seinen Worten. Legen Sie den Text öfter beiseite, lesen Sie ihn nicht ständig, aber immer wieder.

Musikmeditation

Für diese Form der Meditation eignet sich besonders religiöse Musik, wie etwa die gregorianischen Gesänge. Stücke von New-Wave-Komponisten wie Kitaro oder Tomita sind ebenfalls geeignet. Vor allem sollte Ihnen die Musik natürlich gefallen, Sie aber in keiner Weise erregen. Schließen Sie die Augen und lauschen Sie. Lassen Sie die Gedanken kommen und gehen: nicht festhalten und nicht verfolgen! Hören Sie die Musik so intensiv, dass Sie sich darin auflösen, dass die Töne durch Sie hindurchzufließen scheinen. Musikmeditation empfiehlt sich vor allem für Menschen mit Tinnitus, denn sie haben oftmals Probleme, sich in stiller Umgebung in sich selbst zu versenken.

Meditation funktioniert auch im Arbeitsalltag

Zum richtigen Meditieren gehört auch, die dabei gesammelte Aufmerksamkeit auf die Tätigkeiten des Alltags zu übertragen. In der Regel geschieht dies automatisch, sofern man es zulässt. Das heißt: Wenn Sie richtig meditieren und es schaffen, Ihren Heuschreckengeist zu beruhigen und auf sich selbst zu bündeln, wirkt sich dies schließlich auch auf die Tätigkeiten in Ihrem Alltag aus. Es kommt mehr innere Ruhe in Ihr tägliches Leben und bei regelmäßigem Training erreichen Sie schließlich die Ruhe, die im Zen *Samyak-Samadhi* genannt wird. Sie bezeichnet die Fähigkeit, in allen Lebensumständen – seien sie noch so schwierig oder aufregend – Ruhe und Gelassenheit zu bewahren und im Gleichgewicht zu bleiben. Die Trennung zwischen Ich und Außenwelt ist überwunden und man ist fest »in der allumfassenden Stille des Herzens« verankert.

Nach Auffassung der alten Zen-Meister besteht die wahre Kunst des Meditierens darin, mitten im

Getümmel, beispielsweise in einem Warenhaus, oder während einer wichtigen Sitzung des Aufsichtsrats im Kontakt mit der allumfassenden Stille zu sein und aus ihr heraus zu handeln. Diese allumfassende Stille ist identisch mit dem ursprünglichen klaren Geist *mushin*, ein Geist, der sieht, hört, riecht, schmeckt, fühlt, tastet und denkt, von morgens früh bis abends spät, doch der dabei eigentlich gar nichts tut. Denn das tätige Subjekt namens Ich betrachtet sich nicht mehr als Quelle und Vollstrecker der Tätigkeiten, sondern als wacher Zeuge eines natürlichen Geschehens. Dies ist der Ich-lose Zustand, von dem in der Zen-Literatur so oft als »Tun-im-nicht-Tun« die Rede ist.

Aus dem Tun-im-nicht-Tun erwachen oft unglaubliche Kräfte. Da gab es tibetische Mönche, die stundenlang im Schnee der Himalajahöhen meditierten und dabei lediglich mit einer Kutte bekleidet waren. Da gab es eingekerkerte Buddhisten, die jahrelang bei Minimalverköstigung in dunklen Gewölben hausen mussten und später davon berichteten, dass sie sich in dieser Zeit eigentlich nur vor ihrem Zorn auf ihre Kerkermeister schützen mussten. Oder Fakire, die über 170 Stunden ohne Luftzufuhr in einer Kiste unter der Erde verbrachten. Nicht zu vergessen schließlich jene Mönche, die erst kürzlich ein Seil an ihr Geschlechtsteil banden und damit ein Flugzeug von der Rollbahn zogen (wobei zu erwähnen ist, dass sie es nur taten, um auf diese Weise Geld für ihr bedrohtes Kloster zu sammeln!). Manchmal ist es für uns schwer nachvollziehbar, welche Kräfte das Tun-im-nicht-Tun freizusetzen vermag. Aber warum sollte es nicht gelingen, etwas davon auch in uns zu realisieren?

6
Kompetente Gleichgültigkeit:
Die Kunst des Nicht-Anhaftens

»Ich bin Asket aus Zuversicht,
Hab' aufgegeben Haus und Hof,
Gewonnen Einsicht, weisen Witz,
Und fest und fein das Herz gefügt:
Gestalten gaukle wie du willst,
Verstören kannst du nimmer mich.«

Gautama Buddha, »Lieder der Mönche«

Als einst der Jünger Maha-Moggallana den Buddha fragte, inwieweit der Mensch durch Aufheben des Begehrens Erlösung finden könnte, antwortete der Gefragte: »Kein Ding ist es wert, dass man daran haftet.«

Ein Satz, der zunächst nach mönchischer Askese klingt, nach in Lumpen gekleideten Bettlern und nach Eremiten, die in ihren Höhlen die Eitelkeit des weltlichen Lebens beklagen. Tatsache ist jedoch: Buddha war keinesfalls ein fanatischer Vertreter des mittellosen Mönchseins. Er sah in ihm jedoch die beste aller Möglichkeiten, seine Philosophie des Nicht-Anhaftens in die Praxis umzusetzen, und zwar nicht nur für die umherziehenden Mönche und Nonnen, sondern auch für jene, die Reisenden etwas von ihren Habseligkeiten abgaben, ihnen Verpflegung und Unterkunft gewährten (denn auch die Freigebigkeit, *dana*, lehrt die Menschen die Kunst des Nicht-Anhaftens). Wichtig ist vor allem, Besitz als etwas Vergängliches zu akzeptieren, das nicht mehr, aber auch nicht weniger wert ist als alle anderen Dinge auf der Welt. Der Buddhist verknechtet sich nicht dem Reichtum, er verknechtet sich aber auch nicht der Armut. Das Entscheidende ist die innere Einstellung zu den Dingen – und dadurch wird er zu einem idealen Instrument in den Händen des Managers.

Das Problem des Nicht-loslassen-Könnens

Wenn es etwas gibt, womit deutsche Manager häufig große Probleme haben, dann ist es das Loslassen-Können. Und zwar nicht nur in dem Sinn, dass sie an ihren Posten kleben, sondern auch, dass sie selbst dann noch an überholten Ideen festhalten, wenn ihnen alle das Gegenteil bewiesen haben. An deutschen Hochschulen lehren scharenweise Professoren, die seit Jahrzehnten dasselbe erzählen. In deutschen Amtsstuben sitzen – im wahrsten Sinn des Wortes – altgediente Führungskräfte, die ihre Mitarbeiter mit Weisungen überraschen, die schon vor 20 Jahren nur wenig sinnvoll waren. Die deutsche Fußballnationalmannschaft hechelte in der Weltmeisterschaft 1998 unter Anleitung eines urdeutschen Terriers mit urdeutschen Tugenden wie Kampfgeist und Willensstärke in den Untergang. Auf den Bayreuther Festspielen nahm der Intendant die Nibelungentreue allzu wörtlich und trat von seinem Posten erst zurück, als er kaum noch hören konnte, was dort gespielt wurde. Er setzte seine Frau als seine Nachfolgerin durch, um im Hintergrund weiter die Fäden ziehen zu können. Und eine Umfrage des Instituts für Angewandte Betriebswirtschaftslehre und Unternehmensführung der Universität Karlsruhe bei 105 Unternehmen der Pharmaindustrie ergab, dass 50 Prozent der als erfolglos eingestuften Projekte zu spät abgebrochen wurden.

Doch der Blick auf das öffentliche Leben soll nicht verstellen, dass unser privates Dasein ebenfalls voller Fesseln ist. Auch wir klammern uns an einmal gesteckte Ziele und Projekte, obwohl sie längst aussichtslos geworden sind und nur Verluste einfahren; trennen uns nicht von Menschen, die uns offensichtlich schaden; lassen unser Geld in Anlageprojekten, obwohl schon lange keine Rendite mehr fließt und wahrscheinlich auch nie mehr fließen wird; suchen uns keinen neuen Arbeitsplatz, obwohl der alte bei viel Ärger nur wenig Geld abwirft.

Warum schaffen wir es so oft nicht, den längst fälligen Schlussstrich zu ziehen? Eine Antwort ist, dass in Deutschland Beharrlichkeit und Ausdauer zu den großen Tugenden zählen. Niemals aufgeben, egal, wie schlecht es um uns steht – dieses Verhalten steht hierzulande hoch im Kurs. Begründet werden diese Tugenden mit den Erfolgen, die sie den Menschen in der Nachkriegszeit brachten, als man wirtschaftlich bei null anfangen musste. Doch heute ist die Situation eine andere, man steht nicht mehr bei null, sondern mitten in der globalen Konkurrenz. Jetzt gilt es, in immer enger und schneller werdenden Märkten seine Nischen zu entdecken – und dabei nutzen Beharrlichkeit und Ausdauer weniger als Aufmerksamkeit und Flexibilität.

Eine andere Antwort gibt uns Buddha. Ihm zufolge gelingt uns der Schlussstrich deswegen nicht, weil wir grundsätzlich zu sehr anhaften. Und dies hat auch Einfluss auf unsere Weltsicht. Denn Anhaften bedeutet, dass wir die Welt in Dinge einteilen, nach denen wir uns sehnen und die wir haben und besitzen wollen, sowie in Dinge, die uns am Haben- und Besitzen-Wollen hindern. Erstere werden zum *fanum*, zum Heiligtum, und der sie ersehnende Mensch wird zum verblendeten Fanatiker. Letztere werden zum Objekt des Hasses, und der sie hassende Mensch wird zum Diktator, zum Choleriker, zum Nörgler oder auch zum selbstaggressiven Melancholiker, je nachdem, wie viel Macht er besitzt und wie viele seiner Aggressionen er an andere, an Untergebene weiterleiten kann. Und wer glaubt, dass all das aufhören würde, wenn die Menschen erst einmal haben, was sie wollen, wird enttäuscht. Denn in diesem Fall wird alles darangesetzt, das Erworbene zu konservieren und zu behalten, oder aber es werden neue Ziele gesucht. Und beidem gemein ist letztlich, dass die Welt wieder eingeteilt wird in Objekte, die uns nützen, und Objekte, die uns schaden.

Das Phänomen des Anhaftens beschränkt sich also nicht nur auf das Haben-Wollen im engeren Sinn, sondern weitet sich auf alles aus, was damit Hand in Hand geht. Also nicht nur auf Begierde, sondern auch auf Ekel, Hass, Rachsucht, Depression, Resignation, Aggression und andere Gefühle und Handlungen, die auf Vernichtung und Rückzug ausgerichtet sind. Und all das taugt weder zum Management noch zum Gestalten eines glücklichen Lebens. Gründe genug also, sich vom Anhaften zu befreien. Doch wie kann das funktionieren?

Das Problem des Alles-loslassen-Wollens

Das Befreien vom Anhaften gehört zu den Kernstücken der buddhistischen Philosophie. Es gehört aber auch zu den Dingen, zu denen die meisten Missverständnisse existieren. So denken viele Menschen, dass sie sich bereits vom Anhaften befreit haben, wenn sie sich in der Alles-egal-Stimmung üben. Nach dem Motto: Mir ist egal, ob ich 100 000 Euro auf dem Konto habe oder bankrott bin – ich fühle mich gut; mir ist egal, ob ich Karriere mache oder Windeln wechselnd den Vollzeitpapi oder die Vollzeitmami mime – mir geht es gut; mir ist egal, ob man mich aus der Firma wirft oder in den Vorstand befördert – mir geht es gut. Tatsache ist jedoch, dass solche Sätze überhaupt nichts mit Nicht-Anhaften zu tun haben, sondern mit Trotz – und der wirft uns in die Welt zurück, statt uns vom Haften an ihr zu befreien.

Gautama Buddha kannte dieses Phänomen der trügerischen Erlösung nur zu gut. Auf seinen Reisen sah er immer wieder Asketen, die sich zum Teil selbstmörderischen Praktiken unterzogen, indem sie den Atem anhielten, sich zum Beinahe-Skelett herunterfasteten oder unter sengender Mittagssonne meditierten. Sie setzten sich unsäglichen Schmerzen und Entbehrungen aus, nur in dem Bestreben, all die Begierden und Verhaftungen zu überwinden, durch die wir uns immer wieder in die Welt von Geburt, Alter, Krankheit und Tod verstricken. Am Anfang war auch Gautama einer dieser Selbstkasteier, er fastete so lange, bis er in akuter Lebensgefahr schwebte. Doch auch ihm gelang es am Ende nicht, sich über die Bedürfnisse gewöhnlicher Menschen zu erheben – die höchste Erkenntnis blieb ihm versagt. Und nicht nur das! Seine trotzige Askese hatte ihn erst recht in die Welt zurückgeworfen, mehr denn je spürte er körperliche und geistige Unzulänglichkeiten. Und so ging er dazu über, doch wieder einige Mahlzeiten zu sich zu nehmen, auch wenn seine Anhänger fanden, er hätte aufgegeben und fange an, sich gehen zu lassen.

Dieses Erlebnis sollte zu einem Schlüssel in Gautamas Leben und Philosophie werden. Fortan wusste er: Wer kategorisch beschließt, das Weltliche zu verlassen und energisch gegen seine Begierden und Triebe kämpft, wird durch diesen Kampf erst recht ins Leben zurückgeworfen. Denn Begierden können nicht unterdrückt werden, im Gegenteil: Jede Unterdrückung verstärkt sie noch (ein Aspekt, den später auch Sigmund Freud erkannte). Von weit größerer Bedeutung ist, dass wir uns in dem Moment, in dem wir gegen unsere Begierden ankämpfen, verhalten wie ein trotziges Kind, das sich gegen den Willen der Eltern auflehnt. Und dieses Kind hat ja auch nicht etwa seine Beziehung zu den Eltern aufgelöst – es stellt durch seinen Zorn sogar ein besonders intensives Verhältnis zu ihnen her.

Später kam Gautama zu dem Schluss, dass die Brachialaskese in ihrem Wesen nicht besser sei als ein Leben in Ausschweifung und Sinneslüsten: »Zwei Enden gibt es, ihr Mönche, denen muss, wer dem Weltleben entsagt hat, fernbleiben. Welche zwei sind das? Hier das Leben in Lüsten, der Lust und dem Genuss ergeben: Das ist niedrig, gemein, ungeistlich, unedel, nicht zum Ziele führend. Dort Übung zur Selbstquälerei: Die ist leidensreich, unedel, nicht zum Ziele führend.«

Fazit
Wer zur Gelassenheit des Nicht-Anhaftens will, der darf nicht trotzig sein. Er darf nicht versuchen, sich von all seinen Abhängigkeiten im Handstreich befreien zu wollen. Die Abtrennung von den Dingen muss vielmehr aus einer entspannten Geisteshaltung kommen, in der weder Gier noch Trotz regieren.

Die hohe Kunst der Gleichgültigkeit

Der Weg zum Nicht-Anhaften lässt sich nicht erzwingen. Man braucht zwar eine gewisse Entschlossenheit, um diesen Weg einzuschlagen, doch sollte man nach diesem Schritt das Streben nach dem Nicht-Anhaften nicht zu sehr in den Vordergrund stellen. Denn dies würde zu Verkrampfung, zu neuerlichem Anhaften und damit zum Scheitern der ganzen Unternehmung führen.

Man sollte vielmehr danach trachten, diesen Weg mit einer gewissen Gleichgültigkeit zu gehen. Wobei *Gleichgültigkeit* hier nicht nihilistisch zu verstehen ist, sondern im Sinn einer *wertvollen Gültigkeit*. Das heißt: Alle Dinge und Menschen besitzen einen gleichen Wert.

Die Kunst der nicht-anhaftenden Gleichgültigkeit lernt man nicht über Nacht. Wohl mag es ein paar einschneidende Erlebnisse geben, die den

Zugang zu ihr erleichtern, doch im Handumdrehen erlernen lässt sie sich nicht. Wenn etwa ein Mensch nach einem traumatischen Erlebnis wie einem schweren Unfall oder einem brutalen Krieg seine Werte verliert und nur noch Miss- oder Verachtung für die Welt übrig hat, so ist das Resignation und Verzweiflung, es hat aber nichts mit Gleichgültigkeit zu tun. Denn wahrhafte Gleichgültigkeit bedeutet, alle Dinge und Menschen dieser Welt mit derselben Liebe und demselben Wohlwollen zu betrachten, unabhängig davon, was sie für irgendjemanden bedeuten. Die folgenden Regeln können dabei helfen, diesen Pfad zu finden. Beachten Sie jedoch dabei, dass Sie sich nicht zu sklavisch an diese Regeln klammern. Denn dies wäre ja wieder eine Art des Anhaftens ...

Gehen Sie auf im Augenblick

»Wer sich nicht auf der Schwelle des Augenblicks, alle Vergangenheiten vergessend, niederlassen kann, wer nicht auf einem Punkte wie eine Siegesgöttin ohne Furcht und Schwindel zu stehen vermag, der wird nie wissen, was Glück ist, und noch schlimmer: Der wird nie etwas tun, was andre glücklich macht.« So verkündet es der Philosoph Friedrich Nietzsche (1844–1900) in seinen »Unzeitgemäßen Betrachtungen«. Und er befindet sich damit in bester buddhistischer Tradition.

Kaum etwas fällt uns schwerer, als uns im Augenblick niederzulassen. Wenn wir ehrlich sind, springen wir mit unseren Gedanken die ganze Zeit zwischen Zukünftigem und Vergangenem hin und her. Ob wir daran denken, wie sich die Aktienkurse entwickeln werden oder wie wir der Sekretärin ihre Kündigung mitteilen werden, oder ob wir uns etwa an unsere verkorkste Examensprüfung erinnern, oder, was hoffentlich schöner ist, an den vornächtlichen Geschlechtsverkehr – es geht stets um Zukünftiges oder Vergangenes, wenn unser Gehirn aktiv ist.

Glück im Sinn von Freiheit und Selbstbestimmung gibt es im Spannungsfeld von Zukunft und Vergangenheit jedoch nicht, denn entweder wird unser Denken und Handeln von dem geleitet, was nicht mehr ist, oder aber von dem, was sein könnte. Es lohnt sich also, Augenblicke zu schaffen, in denen wir nur augenblicklich sind, also ohne Bezug zu Vergangenheit und Zukunft. Dies können Spaziergänge sein, wobei es vollkommen gleichgültig ist, ob sie in der freien Natur stattfinden oder in der Stadt. Die Hauptsache ist, dass Sie den Ort zur »verkehrsfreien« Zone erklären, also allein bleiben und das Handy ausstellen. Anderen Menschen gelingt es besser, sich beim Musikhören auszuklinken. Der bekannte abendländische Buddhist Arthur Schopenhauer sah gerade in der Musik eine Erlösungsmöglichkeit von den Drangsalen des Diesseits. In Japan setzt man – auch dies echt buddhistisch – auf die Teezeremonie, und während dieser bis zu vier Stunden dauernden Session darf über nichts anderes geredet werden als über das, was gerade im Moment der Zeremonie geschieht. Das ist echtes Training, um die Empfindung des Augenblicks zu schulen. Sehr zur Nachahmung empfohlen! Es muss ja keine vier Stunden dauern, und es muss keine Teezeremonie sein. Sie können Ähnliches auch einmal mit der Zubereitung einer Frühlingsbowle veranstalten.

Schaffen Sie möglichst wenige Abhängigkeiten
»Macht euch nicht von anderen abhängig, sucht nicht bei anderen Zuflucht – ein jeder von euch sei eine Insel.«

So heißt es in den Buddha-Regeln zum Leben in der Gemeinschaft des *sangha.*

Die Unabhängigkeit des Geistes zählt zu den zentralen Inhalten des Buddhismus und sie ist auch für Manager von großer Bedeutung. Denn viele kleinere und mittlere Betriebe gehen Bankrott, weil die Manager des Unternehmens Aufträge bei nur einem Kunden akquirieren oder in ihren Zulieferungen von einem bestimmten Geschäftspartner abhängig sind. Dagegen haben Betriebe, in denen man auf eine breite Palette von Auftraggebern und Lieferanten setzt, in der Regel eine längere Lebensdauer. Für den Mikrokosmos der Firma gilt Ähnliches. Wer als Führungskraft in seiner Karriereplanung einseitig auf einen bestimmten Vorgesetzten baut, erleidet schnell Schiffbruch – spätestens dann, wenn diesem Vorgesetzten gekündigt wird. Versuchen Sie vielmehr, mit möglichst vielen Leuten guten Kontakt zu haben, vor allem mit den Mitarbeitern von Abteilungsleitern, die Ihnen gleichgestellt sind. Der Grund: Wenn dessen Mitarbeiter Sie unterstützen, können Sie selbst dann noch Ihren Job machen, wenn der Kollege Sie – beispielsweise aus Konkurrenzmotiven – daran hindert.

Wichtig ist auch, sich möglichst viele Namen zu merken. Für den echten Buddhisten sind Namen natürlich ohne Bedeutung, doch die nicht-buddhistischen Menschen fühlen sich in der Regel positiv eingenommen, wenn man sich an ihren Namen erinnert. Ihr Buddha-Anteil besteht darin, dass Sie bei Ihrer Einprägearbeit absolut demokratisch vorgehen und versuchen, sich jeden Namen zu merken, egal, wie unbedeutend der Träger des jeweiligen Namens zunächst erscheinen mag. Das ist nicht nur buddhistisch, es bringt möglicherweise auch praktisch Vorteile. Denn es kann ja sein, dass auch zunächst unbedeutende Menschen im Wirtschaftsleben einmal Bedeutung erlangen – und die werden sich später daran erinnern, wer sie vollwertig behandelt oder aber mit »Ach, Herr ... wie war noch einmal Ihr Name?« angeredet hat.

Schmusen Sie nicht mit den Mächtigen
Im »Dhammapada« (Pfad der Wahrheit) heißt es:
»Die Edlen überall Entsagung üben,
    nicht schmusen wunschbegierig die Vollkommenen.«

Verzichten Sie darauf, fortwährend mit den Mächtigen Ihrer Firma zu schmusen. »Radfahrer« mögen zwar die eine oder andere Sprosse auf der Karriereleiter hinaufsteigen, doch ganz nach oben kommen sie fast nie. Merke: Ihre Vorgesetzten sind Ihre Geschäftspartner, sie sind aber nicht Ihre Freunde!

Denken Sie an den Nutzen

Studien des Max-Planck-Instituts für psychologische Forschung brachten heraus: Wenn Menschen der Gedanke kommt, das angestrebte Ziel könnte kein lohnendes mehr sein, dann denken sie viel häufiger und intensiver über die *Kosten* nach, die mit dem Aufgeben des Zieles verbunden wären, als über den *Nutzen*. Doch wenn man über die Kosten nachdenkt, dann liegt es nahe, das Ziel weiterzuverfolgen, weil man ja Kosten letztlich immer vermeiden will. Aus diesem Grund haften viele Menschen auch dann noch an Zielen, wenn deren Erreichen schon lange in weite Ferne gerückt ist. Daher: Falls Ihnen an einer Sache Zweifel kommen, wägen Sie *wirklich fair* ab, was Ihnen der Abbruch der Angelegenheit für Vor- und Nachteile bringt!

Üben Sie sich in Gleichmut

Buddha sagt:

>»Die Weisen, ob sie Glück trifft oder Unglück,
>nicht hoch- oder tiefgemut sich jemals zeigen.«

Eine Weisheit, die Sie sich gut merken sollten. Denn es ist in der Tat lohnend, sich mit seinen

Ängsten und auch mit seinem Selbstbewusstsein bedeckt zu halten, den Ball also schön flach zu spielen. Denn wer sich betont siegesgewiss gibt und dann eine Niederlage einstecken muss, wird schnell zur lächerlichen Figur. Und wer sich von Anfang an ängstlich gibt, wird ohnehin keinen Erfolg haben. Die Wahrheit liegt vielmehr im *Gleichmut,* und zwar im strengen Sinn des Wortes. Man sollte in jeder Situation den *gleichen Mut* zeigen und dabei ruhige Gelassenheit ausstrahlen, aber niemals großkotzig auftreten.

Gleichmut heißt außerdem nicht, dass Sie Ihre Emotionen unterdrücken und sich unentwegt von anderen verletzen lassen sollten. Denn wer beispielsweise seinen Ärger unterdrückt, bei dem wird der Zorn später nur umso heftiger herausbrechen. Wenn Ihnen jemand Unrecht tut oder etwas wirklich Wichtiges unterlässt, sollten Sie auch sofort eingreifen. Beziehen Sie entschieden Stellung. Versichern Sie sich der Hilfe! Beenden Sie die Angelegenheit oder lassen Sie bewusst den Dingen ihren Lauf, je nachdem. Aber legen Sie nicht enttäuscht die Hände in den Schoß, denn das führt am Ende dazu, dass Sie Ihre Gelassenheit verlieren.

Nicht zu lange trauern

Es gibt zwei Möglichkeiten, mit Enttäuschungen fertig zu werden. Man kann seine Wünsche der Realität anpassen oder aber die Tatsachen zu verändern suchen.

Im ersten Fall heißt die Frage: »Warum sollte ich unglücklich über etwas sein, wenn ich doch überhaupt keine Einflussmöglichkeiten habe?«

Im zweiten Fall heißt die Frage: »Warum sollte ich über etwas unglücklich sein, wenn ich doch die Möglichkeiten habe, etwas daran zu ändern?«

Mit anderen Worten: Es ist egal, wie grausam die Welt zu Ihnen ist, entweder können Sie nichts daran ändern, dann lohnt es nicht, sich darüber zu ärgern oder traurig zu sein. Oder aber Sie können sehr wohl etwas daran ändern, und dann macht es erst recht keinen Sinn, sich darüber zu ärgern oder traurig zu sein. Lassen Sie sich diesen logischen Schluss für einen Moment im Geist auf Ihrer Zunge zergehen, meditieren Sie einmal darüber! Sie werden sehen, dass er feststeht wie das Amen in der Kirche und es von daher unsinnig und kraftraubend ist, bei Schicksalsschlägen – mögen sie auf den ersten Blick auch noch so hart und ungerecht erscheinen – in tiefe und ohnmächtige Trauer zu versinken.

Lernen Sie betteln

»Großer Männer Erfahrung ist die Armut.«

So erklärt es Gautama Buddha im »Majjhima Nikaya«.

Er selbst stammte bekanntlich aus reichem Haus, und dennoch entschied er sich für das Leben in der »Hauslosigkeit«. Es fiel ihm zunächst nicht leicht, täglich um seine Nahrung zu betteln, doch er lernte es. Später, als sich bereits eine riesige Anhängerschaft um ihn geschart hatte, sah er stets im Dasein des mittellosen Bettlers günstige Voraussetzungen, um sich von den Fesseln des weltlichen Daseins zu lösen, doch er sah darin keine unbedingte Notwendigkeit.

Ähnliches gilt für den Manager. Auch ihm kann es nicht schaden, beizeiten das Betteln zu lernen. Denn es können immer Zeiten kommen, in denen Ihrer Firma oder Ihrer Abteilung die finanzielle Luft ausgeht. Dann müssen Sie vielleicht bei Ihren Chefs um mehr finanzielle Mittel oder aber bei Ihren Kunden um Aufträge betteln. Wichtig ist dabei, immer das Gesicht zu wahren. Das misslingt nur demjenigen, der glaubt, sich beim Betteln erniedrigt zu haben. Wer jedoch Mittellosigkeit und Betteln im buddhistischen Sinn als eine existenzielle Erfahrung sieht, die nicht mehr und nicht weniger wert ist als Reichtum, der behält sein Selbstbewusstsein.

Es ist daher durchaus sinnvoll – am besten schon während der Ausbildung oder des Studiums – ein wenig betteln gelernt zu haben. Indem man beispielsweise für eine wohltätige Institution mit der Sammelbüchse auf Tour geht, Straßenmusik macht oder Anzeigenkunden für die Studentenzeitung wirbt. Derartige Tätigkeiten schärfen den Blick für die Mittellosigkeit und schulen das Verhalten in Krisensituationen. Und das kann für spätere Zeiten nur von Nutzen sein.

Seien Sie freigebig

Die Freigebigkeit, das *dana*, zählt zu den zentralen Pfeilern des Buddhismus, denn sie zeigt, dass der betreffende Mensch nicht an seinem Besitz haftet.

Für Manager sollte sie ebenfalls oberste Pflicht sein, und das beileibe nicht nur in dem Sinn, dass verdiente Gelder nicht gehortet, sondern in neue Projekte investiert werden sollten. Zahlen Sie Ihren Mitarbeitern lieber zu viel als zu wenig, denn ein unterbezahlter Mitarbeiter vergiftet in der Regel das Betriebsklima und arbeitet unter seinen Möglichkeiten. Überhaupt ist es ein Irrglaube, mit der Senkung von Gehaltskosten Geld sparen zu können, denn Menschen sind Aktivposten, eine sichere und lohnende Investition.

Wenn genug Geld vorhanden ist, sollten Sie außerdem immer wieder größere Summen spenden, und zwar nicht an Fußballvereine mit überbezahlten Angestellten, sondern an wirklich gemeinnützige Organisationen, die Bedürftige unterstützen. Und machen Sie nicht zu großen Wind darum! Denn nichts erscheint fragwürdiger als jemand, der seine Spendierhosen an die große Glocke hängt.

Uli Hoeneß, der Manager des FC Bayern München, ließ sein Starensemble immer wieder für gemeinnützige Zwecke spielen und spendete bei diesen Gelegenheiten stets größere Summen, ohne dies an die Medien zu verkaufen. Diese bekamen es später zwar meistens doch heraus, aber die Tatsache, dass er seine Freigebigkeit eben nicht bewusst zur Schau gestellt hatte, entlockte sogar betont kritischen Medienvertretern wohlwollende Töne. Unauffällige Freigebigkeit ist eben nicht nur buddhistisch und ehrenhaft, sie führt mitunter auch zu einem beachtlichen Imagegewinn.

Seien Sie kein Hundertprozenter

Legendär ist der Zen-Spruch: »Der Weg ist das Ziel.« Vielen Menschen fällt es jedoch schwer, dies zu glauben. Für sie zählt nur das Ziel. Sie wollen alles hundertprozentig machen, dulden keine Schwächen, weder bei sich noch bei anderen. Mit ihnen ist bekanntlich nur schwer auszukommen. Und sie sind auch ineffektiv.

»Perfektionismus hat nichts mit dem Bemühen zu tun, etwas Perfektes zu machen«, erklärt der amerikanische Psychologe Clayton Lafferty. »Perfektion ist vielmehr eine Illusion, der Wunsch, einen guten Eindruck zu machen.« Weil das Selbstwertgefühl von Perfektionisten mit einer fehlerlosen Leistung verknüpft ist, vergeuden Menschen oft viel Zeit mit nebensächlichen Details und widmen Projekten mehr Zeit und Energie, als sie eigentlich nötig hätten. Und sie machen mehr Fehler. Eine amerikanische Studie ergab beispielsweise, dass perfektionistische Piloten häufiger Fehler machen als ihre weniger anspruchsvollen Kollegen.

Fazit
Versuchen Sie gar nicht erst, perfekt zu sein. Denn erstens klappt es ohnehin nicht, zweitens verschwenden Sie damit Zeit und Energie, und drittens werden Perfektionisten von ihren Mitmenschen als unerträglich empfunden. Versuchen Sie nur, so gut zu sein, wie es Ihnen konzentriert und gleichzeitig locker von der Hand geht. Das ist mehr als genug.

Machen Sie sich Notizen

In einem Kapitel über Nicht-Anhaften mag die Aufforderung, sich Notizen zu machen, ungewöhnlich klingen. Doch Tatsache ist: Im Tagesgeschehen kommen uns oft Einfälle für die Lösung von Problemen, an denen wir aktuell gar nicht arbeiten. So kann es sein, dass Ihnen im Restaurant beim Auswickeln Ihrer Folienkartoffel aus der Aluhülle der Einfall kommt, wie die Verpackung für das neue DVD-Gerät Ihrer Firma aussehen könnte. Jetzt können Sie sich natürlich vornehmen, diese Idee nicht zu vergessen. Doch allein dieser Vorsatz wird Ihren Geist unnötig gefangen halten und Ihnen auch die lebensnotwendige Fähigkeit zum Entspannen rauben. Also: Besser Zettel und Stift herausholen und das Ganze notieren. Dieses Verfahren hat außerdem den Vorteil, dass Ihr Einfall beim Notieren noch einmal ein paar Gehirnwindungen durchläuft und damit definitiv in Ihrem Gedächtnis gespeichert wird. Zudem werden sich wahrscheinlich sogar noch ein paar zusätzliche Ideen einstellen.

Ironie und Humor

Der Buddhismus gehört zu den wenigen Geisteshaltungen, in denen Humor und Ironie erlaubt sind. Buddha erscheint uns in vielen Statuen und Bildnissen mit einem Lächeln, er ist weder zornig noch leidend, er steht vielmehr für eine milde Güte, in der auch die Freude Platz hat.

Man darf nicht vergessen, dass sich das Lachen aus dem Zähnefletschen entwickelt hat, und aggressiver und exzessiver Humor wie Zynismus und Albernheit sind denn auch nicht Sache eines Buddhisten. Derartige Regungen finden in ihm gar nicht statt, denn sie sind ja nicht Ausdruck der Lebensfreude, sondern Ausdruck von Hass und Überdruss, die nichts Schönes mehr an der Welt finden können.

Der Buddha-Humor hingegen besteht in wohlwollendem Lächeln und feiner Ironie, was nicht heißen soll, dass ein Buddhist nicht auch einmal herzhaft lachen kann. Entscheidend ist vielmehr, was im Humor Buddhas zum Ausdruck kommt: nämlich nicht Schadenfreude, Häme, Zynismus und Unfähigkeit, irgendetwas oder irgendjemanden ernst zu nehmen, sondern die pure Freude am Augenblick. Und seine Ironie dient als Ausdrucksmittel, als stilistisches Mittel, um beim Zuhörer einen Aha-Effekt auszulösen. Der dänische Philosoph Sören Kierkegaard (1813–1855) schrieb: »Gut beherrschte Ironie zeigt sich in ihrer Wahrheit dadurch, dass sie lehrt, die Wirklichkeit zu verwirklichen, dass sie den gebührenden Nachdruck auf die Wirklichkeit legt.« Ein Beispiel soll verdeutlichen, was damit gemeint ist.

Der tibetische Meditationsmeister Jamgon Kongtrul Rinpoche hielt einmal einen Vortrag in den USA, als sich ein Mann aus der Zuhörerschaft erhob und ihn provozierend ansprach: »Rinpoche, ich kann mir vorstellen, dass das, was Sie sagen, für Tibeter und andere Menschen aus dem Osten passt. Doch ich finde, dass es nicht viel mit uns hier im Westen zu tun hat. Wäre es nicht sinnvoller, wenn jeder seinen persönlichen Weg zum Glück fände, statt Ihren Vorschlägen zu folgen? Können wir nicht einfach einige Dinge aus Ihrer Tradition übernehmen und ansonsten unserem eigenen Weg folgen?« Rinpoche lächelte und antwortete mit einer Gegenfrage: »Wie alt sind Sie?« – »Mitte 30.« – »Sehr gut«, fuhr der Lehrer fort und lächelte immer noch. »Versuchen Sie schon lange, Ihren eigenen Weg zu finden? Ja? Sagen Sie mir, sind Sie damit bisher gut vorangekommen?« Der Mann schwieg und wurde rot. Im Publikum kicherte man verständnisvoll. »Also«, sagte Rinpoche, »was würde es schaden, wenn Sie es eine Zeit lang auf meine Weise versuchen würden, um zu sehen, was passiert?«

Der Mann wurde durch die Ironie des Meisters liebevoll auf die Wirklichkeit gestoßen, auf *seine*

Wirklichkeit, in diesem Fall also darauf, dass seine jahrelangen Bemühungen offensichtlich doch nicht dazu geführt haben, den rechten Weg zu finden. Die Menschen mit einem Aha-Erlebnis auf ihre eigene Wirklichkeit zu stoßen, und nicht, sie zum Lachen zu bringen (auch wenn dies sehr oft geschieht), das ist der Sinn von beherrschter Ironie, und das ist auch der Sinn der Ironie, wie sie im Lächeln des Buddha zum Ausdruck kommt.

7
Geduld:
Die Kunst des Geschehen-Lassens

»Kein Laster ist schwerwiegender als Hass,
keine Tugend wertvoller als die Geduld.«

Shantideva, Vertreter des Mahayana-Buddhismus
(etwa 7. Jahrhundert),
»Eintritt in das Leben zur Erleuchtung«

Im Buddhismus gehört die Geduld, *kshanti,* zu
den sechs Vollkommenheiten, den *paramita,* die
ein erleuchteter Mensch im Lauf seiner Entwicklung ausgebildet hat. Im Umkehrschluss bedeutet
dies, dass ohne Geduld eine Erleuchtung unmöglich ist. Und in der Tat: Ungeduld gehört auf dem
Weg zur Erleuchtung zu den größten Hindernis-
sen überhaupt.

Immer wieder erleben wir, wie wir uns mit unserer Ungeduld überflüssige Steine in den Weg
werfen. Wir schicken unsere Bewerbungsunterlagen (um einen Posten oder einen Auftrag zu bekommen) an eine Firma, doch anstatt gelassen auf

deren Rückmeldung zu warten, nerven wir die dortigen Sekretärinnen oder Verantwortlichen mit unseren Anrufen. Wir haben ein chancenreiches Aktienpaket gekauft und die Kurse schnellen dann auch tatsächlich in die Höhe, so schnell, dass wir überstürzt verkaufen, um zehn Prozent Gewinn zu realisieren – und vier Wochen später stehen die Kurse noch einmal um 20 Prozent höher, nur dass wir dann leider keine einzige Aktie mehr im Depot haben. Wir kaufen etwas mit unserer Kreditkarte, obwohl das Konto bereits überzogen ist, oder wir erwerben eine Eigentumswohnung, obwohl wir nur 20 Prozent Eigenkapital aufbringen und die monatlichen Abzahlungen knapp über der finanziellen Schmerzgrenze liegen.

Ungeduld kann vieles kaputtmachen. Denn sie geht anderen Menschen auf die Nerven und lässt uns nicht ruhig schlafen. Außerdem bringen ungeduldige Menschen ihre Angelegenheiten seltener zu einem konstruktiven Schluss; sie fangen wohl vieles an, bringen aber nur wenig zu Ende.

Andererseits darf nicht vergessen werden, dass auch Impulsivität zum Leben gehört. Gerade spontane Aktionen bringen oft die größten Glücksgefühle, und nicht selten schützen vor Schäden und Katastrophen. Nehmen wir einmal folgendes Beispiel: Sie sehen, wie eine Gruppe betrunkener Männer eine Frau belästigt. Wer jetzt geduldig abwartet und beobachtet, was weiter passiert, riskiert, dass die Angelegenheit eskaliert. Richtig wäre hier das spontane Eingreifen, beispielsweise das Handy herausholen und die Polizei informieren, und dann der grölenden Männerbande zurufen, dass man eben die Polizei alarmiert hat. »Wir müssen begreifen, dass Impulsivität nicht von Natur aus schlecht ist«, erklärt die amerikanische Psychologin Alexandra Logue, »wir sollten allerdings lernen zu beurteilen, in welchen Situationen Selbstkontrolle vorteilhafter ist.« Und dabei kann Buddha sehr hilfreich sein.

Geduldregel Nr. 1:
Lieber morgen die Henne als heute das Ei

Der Ei-und-Henne-Spruch stammt aus der Tradition des chinesischen Buddhismus; an seiner Wahrheit hat sich bis heute nichts geändert. Angenommen, Sie stehen im Studium vor der Entscheidung, mit den Freunden ein Spaß-Wochenende zu verbringen oder aber für eine Prüfung zu büffeln, die zwar nicht unmittelbar bevorsteht, jedoch in absehbarer Zeit auf Sie zukommt. Hier gilt es zu realisieren, was längerfristig wichtiger ist – wahrscheinlich die Henne. Richten Sie Ihre Aufmerksamkeit auf das weiter entfernt liegende Ereignis, meditieren Sie darüber und lassen Sie dabei Ihre Phantasie spielen. Malen Sie sich in allen Einzelheiten aus, wie befriedigend es sein wird, wenn Sie die Prüfung bestanden haben und welche persönliche Bedeutung dieser Meilenstein wahrscheinlich für Sie besitzt. Spielen Sie auch die negativen Konsequenzen in Ihrem Kopf durch: Ein Abend über den Büchern ist sicherlich leichter zu ertragen als ein zusätzliches Semester, das man sich durch die verpatzte Prüfung eingebrockt hat.

Mit dieser Methode, die Möglichkeiten abzuwägen, kommen Sie auch im Beruf gut zurecht. Angenommen, Sie haben Ihre Bewerbungsunterlagen für die Durchführung eines Projekts abgegeben und warten nun auf eine Antwort Ihres potenziellen Auftraggebers. Auch hier gilt es zu realisieren, was längerfristig wichtiger ist. Vergegenwärtigen Sie sich, was Ihr Anruf überhaupt bringen könnte. Denn die meisten Nachbohr-Anrufe enden bei der Sekretärin (»Der Chef ist gerade nicht zu sprechen!«). Sollten Sie den maßgeblichen Menschen tatsächlich erreichen, wird er sich meistens in die Enge getrieben fühlen. Ganz abgesehen davon, dass er, wenn er tatsächlich ein guter Manager ist, sich von Ihrem Nachhaken und Hinterhertelefonieren nicht beeindrucken lässt. Außerdem: Wollen Sie den Auftrag, weil Sie von allen Bewerbern der Beste sind, oder aber, weil Sie der Hartnäckigste sind? Denken Sie einmal in Ruhe darüber nach. Und wenn sie zu dem Schluss kommen, dass Sie einfach nur den Auftrag haben wollen, egal wie, dann sollten Sie sich auch die Frage stellen, ob Sie noch den richtigen Job haben. Denn die Egal-wie-Einstellung ist ein deutlicher Hinweis darauf, dass Sie entweder ein Anfänger in der Branche sind (in diesem Fall kann das eine oder andere unaufdringliche Nachhaken nicht schaden, um Ihren Namen in die Köpfe zu bringen; am besten per E-Mail, um weniger Druck aufzubauen!) oder aber dass Ihr Selbstbewusstsein am Boden ist – und das hat seine Ursache meistens darin, dass Sie in der momentan von Ihnen ausgeübten Tätigkeit eine Fehlbesetzung sind.

Geduldregel Nr. 2: Spontane Befriedigung bringt keine Erlösung

Heutzutage werden wir mehr denn je auf die spontane Befriedigung von Bedürfnissen geeicht. Als Manager kennt man das nur zu gut, man lebt ja gerade davon, dass die Menschen von immer mehr Bedürfnissen eingenommen werden, die sie auch sofort befriedigen wollen. Für den Manager selbst sieht die Angelegenheit jedoch anders aus. Wenn er die Befriedigung seiner spontanen Bedürfnisse zu seinem Lebensschwerpunkt macht, wird er beruflich und auch privat Schiffbruch erleiden.

Es ist das Verdienst Arthur Schopenhauers, die Unzulänglichkeit eines von der Bedürfnisbefriedigung getriebenen Lebens herausgearbeitet zu haben. Seine Ausgangsthese: Der normale, unerlöste Mensch geht von einem Bedürfnis zum nächsten – vielmehr, er wird von einem Bedürfnis zum nächsten getrieben, ohne Unterlass, ohne Aussicht auf ein Ende der Bedürfniskette. Denn die Befriedigung eines Wunsches zieht das Aufkeimen eines weiteren nach sich. Dem Hunger folgt der Durst, dem Durst vielleicht der Sexualtrieb, dem Wunsch nach einem schnellen Auto möglicherweise das Verlangen nach einem großen Haus. Und sollte tatsächlich einmal der nächste Wunsch ausbleiben, so füllt sich dieser Freiraum mit Langeweile. Denn wenn alles befriedigt worden ist, so sind wir nicht etwa wunschlos glücklich, sondern wunschlos unglücklich, weil nichts mehr da ist, was uns vorantreibt. Unser Leben verliert seine Ziele, wir existieren wohl noch, aber unsere Seele ist leer und wird erdrückt von Langeweile.

Aus all dem folgt, dass unser Leben, geprägt von Wünschen und Langeweile, wesentlich vom Leid bestimmt ist. Schmerzen, Leiden und Entbehrungen sind laut Schopenhauer die positive – weil unmittelbar und kontinuierlich vorherrschende – Realität eines solchen Lebens, während alles Wohlbefinden nur mittelbar erfahrbar ist, nämlich durch das Erinnern vorangegangener Leiden und Entbehrungen. »Der Mangel, das Entbehren, das Leiden ist das Positive, sich unmittelbar Ankündigende«, erklärt Schopenhauer, »daher auch freut uns die Erinnerung überstandener Not, Krankheit, Mangel und dergleichen, weil solche das einzige Mittel ist, die gegenwärtigen Güter zu genießen.« Das auf spontanen Genuss ausgerichtete Befriedigen eines Bedürfnisses bringt also keinerlei Erfüllung. Denn entweder kommt danach wieder ein neues Bedürfnis oder aber die Langeweile. Und die wenigen glücklichen Augenblicke unseres Lebens bestehen darin, uns an überstandene Nöte und Krankheiten zu erinnern.

Fazit

Überlegen Sie sich dreimal, ob Sie sich wirklich die neue Stereoanlage oder das neue Auto kaufen oder sich, mit der goldenen Kreditkarte wedelnd, mit Ihren Freunden oder Geschäftspartnern in einem Edelrestaurant treffen müssen. Sie als Manager müssten am besten wissen, dass die meisten Bedürfnisse nicht essenziell, sondern künstlich erzeugt sind und dass ihre Befriedigung Sie unter marktwirtschaftlichen Interessen gar nicht glücklich machen darf, denn dann würden Sie ja nichts anderes mehr kaufen wollen.

Und Sie sollten auch wissen, dass die ständige Befriedigung von Bedürfnissen Sie daran hindert, wirklich wichtige Dinge zu tun: Wer unentwegt shoppen geht, der wird irgendwann unweigerlich zum homo consumens, von dem kaum noch eigene kreative Ideen zu erwarten sind, der wohl fleißig Input betreibt, aber kaum noch Output erzeugt.

Geduldregel Nr. 3: Wo brennt es wirklich?

Nicht nur in den Etagen des Managements werden viel zu viele Dinge mit heißer Nadel gestrickt. Wer in die Hallen von Werbe- und PR-Agenturen, von Tageszeitungen und Internetredaktionen, von Architekturbüros und Veranstaltungsagenturen sieht, gewinnt schnell den Eindruck, dass alles ungeheuer wichtig und absolut eilig ist. Selbst in Behörden finden wir immer mehr von diesen aggressiven und selbstsicheren Managertypen, die permanent im Nanosekundentakt lebenswichtige Entscheidungen zu treffen scheinen. Tatsache ist, dass bei weitem nicht alle Entscheidungen wirklich von großer Bedeutung sind und nach einem Schnellschuss aus der Hüfte rufen.

Grundsätzlich gibt es zwei Arten von Entscheidungen: die reversiblen und die irreversiblen. Diesen Unterschied zu kennen, zeichnet einen guten Manager aus. Reversible Entscheidungen kann man getrost im Eiltempo treffen, da sie von geringer Tragweite und umkehrbar sind. Irreversible Entscheidungen sollten hingegen nicht im Schnellverfahren getroffen werden. Denn sie sind nicht ohne weiteres umkehrbar und sie können einer Firma oder dem verantwortlichen Manager Kopf und Kragen kosten.

Typische reversible Entscheidungen findet man bei der Preisgestaltung, in der langfristig angelegten Unternehmenspolitik sowie bei der Büroorganisation und der Wahl einer Versicherungsgesellschaft. Typische irreversible Entscheidungen werden hingegen bei der Auswahl eines Markennamens und der Akquisition getroffen. Auch die Auswahl des EDV-Systems kann so schnell nicht mehr korrigiert werden. Am Ende ist es aber Ihnen überlassen, über die Umkehrfähigkeit einer Angelegenheit zu entscheiden. Und es lohnt sich, schon darüber nachzudenken, bevor schließlich eine Entscheidung von Ihnen gefordert wird.

Geduldregel Nr. 4: Vergessen Sie die Zeit

Psychisch gesehen, kann Zeit sehr unterschiedlich wahrgenommen werden. Angenommen, Sie sind mitten in einer Tätigkeit, die Ihnen Spaß macht, die Sie voll und ganz ausfüllt – die Zeit wird dabei von Ihnen gar nicht registriert, erst später wird Ihnen bewusst, dass Sie irgendwie im Sauseschritt vorübergegangen ist. Langweilen Sie sich oder sind bei Ihrer aktuellen Tätigkeit unzufrieden, wird Ihnen die Zeit lang, Sie schauen permanent auf die Uhr, Unruhe befällt Sie, fast haben Sie den Eindruck, als würden die Götter Sie mit toter und leerer Zeit bestrafen wollen.

Wie unterschiedlich Zeit erlebt wird, sieht man besonders schön bei Fußballspielen. Die eine Mannschaft führt und will das Ergebnis nach Hause bringen, sie tut alles, um Zeit zu schinden, nervt den Schiedsrichter mit permanenten Hinweisen, dass er doch endlich abpfeifen soll. Die andere Mannschaft liegt zurück und ihr kann alles gar nicht schnell genug gehen. Einwürfe, Eck- und Freistöße, alles wird im Eiltempo durchgeführt, und falls mal wieder ein gegnerischer Spieler jammernd auf dem Boden liegt und das Spiel unterbrochen ist, wird der Schiedsrichter sofort darauf aufmerksam gemacht, dass er später unbedingt die Zeit nachspielen lassen muss. Im Fall der mauernden Mannschaft wird die Zeit zum Feind, in dem Sinn, dass in ihr zu viel Gefährliches – sprich: das Gegentor – geschehen kann. Im Fall der angreifenden Mannschaft wird die Zeit ebenfalls zum Feind. Allerdings im gegenteiligen Sinn, dass in ihr zu wenig Nützliches – sprich: das Ausgleichstor – passieren kann. Zeit wird also sehr oft als unangenehm empfunden, eigentlich kann man sagen, sie wird nur dann als angenehm empfunden, wenn man nicht spürt, dass sie überhaupt da ist. Doch woran liegt das? Wahrscheinlich daran, dass wir unsere Zeit nicht einfach laufen lassen können, sondern sie mit Zielen bestücken. Aber das ist nur die oberflächliche Begründung. Der eigentliche Grund für unser »Zeit-Unglück« ist, dass wir unser Ich nicht aufgelöst haben. Denn dieses Ich ist der Hauptgrund für unsere Missempfindungen in Bezug auf die Zeit. Das Ich ist die Instanz, die sagt: »Ich will dahin und dahin, und solange ich nicht dort bin, gebe ich keine Ruhe. Ach, würde die Zeit doch schneller vergehen, damit ich schneller an meinem Ziel bin!« Auf der anderen Seite ist es auch die Instanz, die sagt: »Ich bin jetzt da und da und dort will ich nicht weg. Ach, würde die Zeit doch stehen bleiben, damit ich für immer hier bleiben kann!« Nun, beide Wünsche des Ichs sind natürlich unvereinbar. Man kann die Zeit weder beschleunigen noch aufhalten. Also gibt es nur eine Lösung, und das ist die *Auflösung des Ichs,* wie sie auch von Buddhisten immer wieder proklamiert wird. (Siehe Kapitel 3.)

Eine Form der Auflösung des Ichs ist die Meditation, wie ich sie in Kapitel 5 beschrieben habe. Wer sich im Augenblick des Hier und Jetzt gründet, überwindet den Gegensatz von Ich und Welt und überwindet damit auch die Zeit. Anfänger der Meditation sind am Ende ihrer Sitzungen immer wieder überrascht, wie viel Zeit vergangen ist – und das, obwohl man doch eigentlich nichts getan hat.

Eine andere Form – und sie kommt dem Naturell der meisten Manager sehr entgegen – besteht darin, sein Ich in der Arbeit, im Tätig-Sein aufzulösen. Mir fallen in diesem Zusammenhang die Ausführungen eines Extrem-Ausdauersportlers ein: »Man ist dermaßen in der Tätigkeit drin, dass einem kein von der unmittelbaren Tätigkeit unabhängiges Ich in den Sinn kommt. Man sieht sich selbst nicht getrennt von dem, was man tut. Die Zeit vergeht dadurch wie im Flug.« Und von einem Künstler, der monatelang auf ein Konzert hingearbeitet hatte, hörte ich: »Die Zeit wurde mir nie lang, denn ich war eigentlich nie in Sorge um den Termin, und als er da war, spürte ich wohl ein wenig Aufregung, aber kein lähmendes Lampenfieber. Ich glaube, ich war einfach so mit dem Proben beschäftigt und damit, das Beste aus meinem Instrument herauszuholen, dass das Konzert nicht mehr der außergewöhnliche Höhepunkt war, sondern zu einer zwangsläufigen Fortsetzung der Probenarbeit wurde. Und über eine Fortsetzung von etwas, das man gut kennt, regt man sich nicht mehr groß auf.«

So sollten auch Sie mit Ihrem Job verfahren: Arbeiten Sie auf den Abgabetermin Ihrer Bewerbung hin, als wenn dies die natürliche Fortsetzung Ihrer Arbeit wäre. Wenn Ihre Bewerbung abgegeben ist, sollten Sie all die Mühen, die Sie investiert haben, sogleich vergessen und sich in ein neues Projekt vertiefen. Haften Sie nicht an Ihrer Bewerbung – weder vorher noch nachher! Lösen Sie sich von ihr, denn sie ist Geschichte, lassen Sie sich vielmehr von Ihrer aktuellen Tätigkeit gefangen nehmen. Irgendwann wird der Tag X kommen, an dem über Ihre Bewerbung entschieden wird. Sie werden ihn natürlich zur Kenntnis nehmen, doch er wird in Ihrem beruflichen Haus nicht mehr als ein Baustein sein, dessen Fehlen man wohl registrieren würde, dessen Fehlen aber auch nicht zwangsläufig das gesamte Haus zum Einsturz bringen würde. Darin besteht der wahre Pfad des gelassenen Erfolgs. Die Menschen werden begeistert darüber sein, wie geduldig Sie sind (Geduld und Gelassenheit werden auch hierzulande hoch geschätzt, nicht nur im fernen Tibet!) – doch das gelingt Ihnen nur, wenn Sie selbst so in Ihrer Arbeit versunken sind und darin aufgehen, dass Sie gar nicht merken, wie geduldig Sie sind.

8
Wachsame Nächstenliebe:
Die Kunst des richtigen Umgangs
mit den Mitmenschen

>>Alle Freude dieser Welt
erwächst aus dem Wunsch,
andere glücklich zu sehen;
alles Leiden dieser Welt
erwächst aus dem Wunsch,
sich selbst glücklich zu sehen.<<

Shantideva, Vertreter des Mahayana-Buddhismus
(etwa 7. Jahrhundert),
»Eintritt in das Leben zur Erleuchtung«

Wer heute in Zeitungen oder Zeitschriften liest und den Erzählungen auf den Straßen und in den Friseursalons lauscht, wer aufmerksam die Nachrichten im Fernsehen anschaut oder die Homepages im Internet durchstöbert, bekommt den Eindruck, dass überall auf der Welt auf irgendeine Art und Weise Krieg herrscht. Und das nicht nur im militärischen Sinn, also politischen Bereich, sondern auch in Beruf und Privatleben. Jede dritte Ehe endet vor dem Scheidungsrichter, Eltern klagen über die Kaltschnäuzigkeit ihrer Kinder (die wiederum klagen über die Ignoranz ihrer Eltern) und im Job wird gemobbt, dass sich die Magenwände vor Schmerzen biegen. Psychosozial bedingte Krankheiten wie Migräne, Depressionen und Rückenschmerzen treiben die arbeitende Bevölkerung gleich scharenweise der dauerhaften Invalidität zu.

Stellt sich natürlich die Frage, ob die heutigen Zeiten wirklich schlimmer sind als die früheren. Eine müßige Diskussion, haben wir doch keine konkreten Messmethoden, mit denen wir einen moralischen Verfall nachweisen könnten. Dennoch: All die Jahrhunderte des Fortschritts haben nicht dazu beitragen können, das Zusammenleben der Menschen wirklich friedlich zu gestalten. Die politischen und die technischen Veränderungen hatten also keinen besonders positiven Einfluss auf die moralische und die soziale Entwicklung. Im Gegenteil: Der Mensch änderte wohl die Umwelt in atemberaubendem Tempo, doch sich selbst änderte er nicht. So ist er heute noch so unfähig wie eh und je, friedlich mit seinesgleichen umzugehen.

Buddhas Appelle an Mitgefühl und Nächstenliebe sind also so aktuell wie selten zuvor. Seine Aufrufe unterscheiden sich jedoch von denen der meisten anderen Philosophen und Moralisten darin, dass er nicht den mahnenden Zeigefinger erhebt, sondern konkrete Vorschläge macht, wie wir das menschliche Miteinander auf eine friedvolle Basis stellen und damit gleichsam zu unserem eigenen Glück beitragen können.

Besiegen Sie Zorn und Hass

Ein japanischer Samurai forderte einst einen Zen-Priester auf, ihm Himmel und Hölle zu erklären. Doch der Priester erwiderte verächtlich: »Du bist nichts als ein Flegel, mit deinesgleichen verschwende ich nicht meine Zeit.«

Tief getroffen in seiner Ehre zog der Samurai sein Schwert und schrie: »Für deine Frechheit sollst du mir sterben!«

»Das ist«, gab ihm der Priester gelassen zurück, »die Hölle.«

Verblüfft von der Erkenntnis der Wahrheit dessen, was der Zen-Meister ihm über die Wut gesagt hatte, beruhigte sich der Samurai. Er steckte das Schwert zurück und dankte dem Priester mit einer tiefen Verbeugung für die Einsicht.

»Und das«, sagte der Priester, »ist der Himmel.«

Die buddhistische Literatur ist voll von solch schönen Gleichnissen über den Kampf des Menschen mit seinen Hass- und Zornesgefühlen. Unter Hass versteht der Buddhismus jenes Geistesgift, das uns die Zerstörung eines anderen wünschen lässt, gleichgültig, ob wir diese Zerstörung mit militärischen, körperlichen, rhetorischen oder subversiven Mitteln vornehmen. Dem Zorn fallen jene übermächtigen Energien zu, die uns steuern, wenn wir tatsächliches oder vermeintliches Unrecht ahnden wollen.

Die meisten Menschen glauben, dass eine gewisse Portion Zorn und Hass nur allzu menschlich sei und dass es sogar schädlich sei, sie zurückzuhalten. Der allgemeine Tenor lautet: Ein erhitzter Kessel mit Wasser platzt, wenn man ihm kein Ventil zum Dampf ablassen gibt. So ergeht es auch dem Menschen: Gibt man ihm kein Ventil, durch das er seine Zorn- und Hassgefühle ablassen kann, so wird er ex- oder implodieren, und das mit unkalkulierbaren Folgen für sich und seine Umwelt. Deswegen ist es besser, immer mal wieder den Dampf entweichen zu lassen, bevor es zum großen Knall kommt. Das schadet schon niemandem, und außerdem machen es doch alle.

Der Buddhismus kann diese Denkweise freilich nicht akzeptieren. Der Grund: Die Dampfkesseltheorie, die in der Psychologie gern als Katharsismodell bezeichnet wird, funktioniert nicht. Denn auch kleinere Hass- und Zornesausbrüche entschärfen Konflikte nicht, sondern rufen beim Gegenüber erst recht Hass- und Zornesreaktionen hervor, die ihrerseits wieder Hass- und Zornesreaktionen der Gegenseite wecken, bis die Situation schließlich in einem Kampf eskaliert, bei dem mindestens eine der beiden Parteien als Verlierer auf der Strecke bleibt. Außerdem verwechselt das Dampfkesselmodell Spann- und Offensivkraft mit Hass und Zorn. Es verkennt, um wie viel offensiver wir ohne Hass auftreten und um wie viel tatkräftiger wir ohne Zorn sein könnten. In sämtlichen asiatischen Kampfsportarten wird allergrößter Wert darauf gelegt, nicht mit Hass und Zorn in den Kampf zu gehen, sondern sich von dem Gedanken zu lösen, selbst das Opfer zu sein und das Gegenüber als vorsätzlichen und böswilligen Angreifer zu sehen. Man versteht den Angriff auf die eigene Person vielmehr als Attacke blinder, unpersönlicher Kräfte, die außer Kontrolle geraten sind. Das versetzt uns in die Lage, gleichmütig zu agieren und diese entfesselten Kräfte unter Kontrolle zu bringen.

Vergessen Sie die Vorstellung, dass es gerechten Hass und Zorn auf dieser Welt gibt. Die gab es nicht, kann es gar nicht geben. Denn um Gerechtigkeit zu empfinden, muss man objektiv sein, doch Hass und Zorn machen blind, sie verstellen den Blick für die Wirklichkeit. Und daher werden Sie, wenn Sie sich weiterhin von ihnen leiten lassen, andere Menschen niemals wirklich verstehen und auch nicht gerecht agieren können.

Deshalb: Wenn Sie ein echtes Interesse daran haben, Ihre Mitmenschen zu verstehen und fair zu behandeln, müssen Sie Ihre eigenen Hass- und Zornesgefühle unter Kontrolle halten. Was nicht heißen soll, dass Sie Ihre negativen Emotionen unterdrücken sollten, beispielsweise mithilfe von Think-positive-Techniken. Versuchen Sie vielmehr, die Ursachen für Ihre Hass- und Zornesgefühle zu finden. Bei entspannter und objektiver Betrachtung werden Sie sehen, wie nichtig sie in der Regel sind. Und als Nächstes denken Sie darüber nach, wie Sie diese Ursachen als wirksame Kräfte in

Ihrem Geist ausschließen können. Das kann durchaus in der täglichen Meditationen geschehen. Im Folgenden wird gezeigt, wie das geht.

Meditieren Sie über Ihre Feinde

Beginnen Sie mit einer der in Kapitel 5 beschriebenen Meditationsübungen und finden Sie in eine tiefe Entspannung. Jetzt stellen Sie sich vor, dass Ihnen in diesem Moment Ihr derzeit größter Gegner gegenübersitzt. In derselben Meditationshaltung wie Sie. Öffnen Sie sich für die Gefühle, die Sie für diesen Menschen empfinden. Öffnen Sie sich auch für das, was der andere für Sie empfindet. Mit dem Ausatmen lassen Sie sich in den anderen hineintragen, mit dem Einatmen nehmen Sie den anderen in sich auf. Ohne Hemmungen, ohne Vorbehalte. Die Atmung geht weiter, wie bisher: ein und aus, ein und aus, in einem Rhythmus, den sie selbst für sich findet.

Es geht bei dieser Übung nicht darum, dass Sie am Ende zu der Ansicht kommen sollen, Ihr Kontrahent sei eigentlich gar kein so schlechter Mensch, wie Sie ursprünglich dachten. Sie sollen durch die Meditation nicht umgepolt oder einer spirituellen Gehirnwäsche unterzogen werden, nach der Sie alle Menschen in einem rosigen Licht betrachten und gut finden. In der Meditation zeigt sich Ihnen nur, was gerade ist, nicht was sein sollte oder sein könnte. Atmen Sie weiterhin ein und aus und lassen Sie dabei den anderen in sich und sich selbst in den anderen hineinziehen, Atemzug um Atemzug. Und wenn Sie am Ende nicht mehr sagen können, wer nun eigentlich wer ist, ob Sie selbst noch an Ihrem ursprünglichen Meditationsort sitzen oder bereits hinübergewechselt sind an die Position Ihres Kontrahenten und Ihr Kontrahent dafür Ihre Position eingenommen hat, dann sind Sie auf dem besten Weg. Auf dem Weg zur tiefen Einsicht in das Wesen der Welt, wonach es überhaupt keinen Gegensatz von Ich und Du und dementsprechend auch keine Gegnerschaft und keine Kontrahenten gibt.

Natürlich: Es werden auch negative Gefühle in Ihnen aufsteigen, Gefühle von Ärger und Aggression, vielleicht spüren Sie sogar, wie sich Ihre Hände zu Fäusten zusammenballen wollen oder sich Ihre Nackenhaare sträuben. Nehmen Sie diese Empfindungen zur Kenntnis, aber lassen Sie sich nicht von ihnen in Besitz nehmen. Meditationslehrer empfehlen in solchen Fällen gern, die aufkommenden Emotionen zu behandeln wie ein Stück morsches Holz: Man fühlt ihm gegenüber keinen Zorn, man hat aber auch keine Verwendung dafür. Und deswegen wirft man es einfach beiseite.

Üben Sie sich in Geduld. Am Anfang werden Sie wahrscheinlich in erster Linie damit beschäftigt sein, Ihre aggressiven Erregungen, also Ihr »morsches Holz«, zu entsorgen. Doch schon bald werden Sie diese Emotionen erkennen, also das morsche Holz riechen, bevor es überhaupt richtig in

Ihr Bewusstsein treten konnte. Und später, nach einigen Wochen, werden Sie merken, wie sich Ihre Gefühle Ihrem Kontrahenten gegenüber deutlich entspannen – und wie sich auch dessen Gefühle Ihnen gegenüber entspannen. Möglich, ja sogar wahrscheinlich, dass Sie diese Veränderung nicht mit Worten erklären können. Aber darin liegt gerade das Faszinierende der Meditation.

Typische Konfliktsituationen des Arbeitslebens und wie man sie buddhistisch löst

Schuldzuweisungen

Kennen Sie das folgende Spiel?

Der Abteilungsleiter kommt ins Büro gestürmt und sagt: »Ich habe gerade einen Anruf von dem Kunden XY bekommen. Wir hatten ihm unsere Radlagerlieferung für Montag zugesagt. Heute ist Mittwoch und er hat sie immer noch nicht.«

Kollege Müller beeilt sich mit der Klarstellung: »Ich habe die Order sofort ans Lager weitergegeben. Keine Ahnung, was da passiert ist.«

Wie gut, dass gerade die Chefin vom Lager anwesend ist und natürlich auch sofort alle Schuld von sich weist. Der weitere Verlauf der Geschichte dürfte den meisten bekannt sein: Die Streitigkeiten spitzen sich zu und keiner will es gewesen sein. Und der Kunde wartet vielleicht noch heute auf seine Radlager.

Zu den typischen Schuldzuweisungen gehört auch das Wenn-du-nicht-wärst-Spiel: Der Mann jammert, was für eine Karriere er hätte machen können, wenn nicht die Sache mit seiner Frau und den beiden Kindern dazwischengekommen wäre. Oder die Frau klagt, dass Sie ohne weiteres das Medizinstudium geschafft hätte, wenn nicht diese chauvinistischen Professoren gewesen wären – deswegen hat sie das Ganze abgebrochen und wohl oder übel einen Job als Pharmareferentin angenommen (bei dem sie es mit Sicherheit auch wieder mit chauvinistischen Ärzten zu tun bekommt).

Schuldzuweisungen gehören zum Alltag wie das Frühstück zum Morgen. Es ist grundsätzlich nicht schlecht, wenn man ungeschminkt jemand anderem die Schuld für etwas zuweisen kann. Deshalb halten sich Menschen mit Verbrechen zurück, weil sie immer damit rechnen müssen, dafür in aller Öffentlichkeit zur Verantwortung gezogen zu werden.

Andererseits können Schuldzuweisungen auch lähmen. Schon so manches Unternehmen ging Bankrott, weil seine Mitarbeiter in der Krise nicht nach Lösungen suchten, sondern sich gegenseitig die Schuld für die Krise gaben. Schuldzuweisungen im Übermaß können schädlich sein, deswegen sollte man sich mit ihnen zurückhalten. Doch das fällt schwer. Der Grund: Schuldzuweisungen dienen in der Regel dazu, von der eigenen Schuld abzulenken – nach dem Muster: Ich habe zwar auch Mist gebaut, doch an unserem Untergang tragen die anderen die Hauptverantwortung, ich nicht!

Nach buddhistischer Auffassung ist es müßig, über Schuld und Unschuld zu diskutieren. Denn alle Dinge, also auch unsere Entscheidungen, werden durch irgendetwas verursacht. Und dies bedeutet: Es gibt keinen freien Willen. Und wo es keinen freien Willen gibt, macht es nur wenig Sinn, jemanden für etwas die Schuld zu geben.

Dies beantwortet freilich noch nicht die Frage, wie man mit Schuldzuweisungen umgehen sollte. Die Schuld auf andere abzuwälzen ist sicherlich falsch, denn diese werden sich wehren und das verursacht Ärger. Alle Schuld auf sich selbst zu laden ist ebenso falsch, denn damit wird man vielleicht kurzfristig Beifall ernten, doch bestimmt nicht Karriere machen.

Richtig und ein Zeichen von buddhistischer Gelassenheit ist es, Schuldfragen gar nicht erst aufkommen zu lassen. Dazu gehört, sich als Vorgesetzter auf gar keinen Fall in die Rolle des Richters drängen zu lassen. Denn wenn Sie das tun, provozieren Sie nur, dass sich Ihre Mitarbeiter gegenseitig anschwärzen. Also: Lieber raushalten und auf der Lösung des Problems beharren. Denn wie heißt es so schön: Wo kein Richter, da auch kein Kläger!

Schwieriger ist es schon, als Untergebener keine Schuldfragen zuzulassen. Im Prinzip ist es aber auch hier das Beste, den Blick auf die Lösung des Problems zu richten. Um bei der oben genannten Radlagerlieferung zu bleiben, könnte man beispielsweise vorschlagen, die Bestellungen von der Auftragsannahme zum Lager stets auf zwei Wegen weiterzuleiten, beispielsweise als Fax und als E-Mail. Beide Übermittlungswege haben außerdem den Vorteil, dass sie nachprüfbar sind.

Neid und Eifersucht

Neid und Eifersucht können das Leben zur Hölle machen. Das große Problem ist: Sie werden meist nicht offen gezeigt, denn beide Eigenschaften gelten in unserer Gesellschaft als Charakterschwächen.

Typisch ist folgende Situation: Sie haben es geschafft, durch Kreativität und Fleiß ein Projekt zu retten, für dessen Fehlschlagen Ihre Firma sonst eine Konventionalstrafe von 300 000 Euro hätte zahlen müssen. Sie präsentieren das Resultat Ihrer Arbeit stolz Ihrem Vorgesetzten, mit der berechtigten (wenn auch unbuddhistischen) Hoffnung auf einen Bonus, oder sogar auf eine Beförderung – denn immerhin haben Sie ja der Firma massive Verluste erspart. Doch Ihr Chef schaut nur in Ihre Unterlagen und sagt: »Wie ich sehe, haben Sie Ihr Budget um 300 Euro überzogen. War das denn unbedingt nötig?« Eine solche Reaktion macht Sie natürlich sprachlos.

Es gibt nun einmal Menschen, die nichts einfach nur gutheißen können, die immer und überall etwas zu mäkeln haben. Dabei handelt es sich jedoch nur um blanken Neid: Ihr Chef möchte eigentlich selbst Ihren Erfolg haben, und deswegen macht er ihn nieder, damit er sich Ihnen gegenüber wieder etwas größer fühlt. Die richtige Antwort darauf: Bleiben Sie gelassen und suchen Sie sich ein neues Arbeitsumfeld und zur Not einen neuen Job! Das mag hart klingen, aber bedenken Sie eines: Unter diesem Vorgesetzten werden Sie keine Karriere machen können, denn im Arbeitsalltag fällt die Befreiung aus den Klauen von Neid und Eifersucht oft schwer.

Buddha zufolge gibt es vor allem zwei Dinge, die uns neidisch und eifersüchtig machen: Wenn jemand mehr kann als wir und wenn jemand mehr hat als wir. Da es unmöglich ist, genauso viel zu haben und zu können wie alle Menschen in unserer Umgebung, gibt es nur einen Weg, der uns aus Neid und Eifersucht herausführt: sich vom Anhaften zu lösen. Das sorgt nicht nur dafür, dass wir uns selbst von diesen negativen Gefühlen befreien. Es sorgt auch dafür, dass wir den Neid und die Eifersucht anderer Menschen weniger spüren.

Allerdings ist es unmöglich, sich im psychischen Handstreich von Neid und Eifersucht zu befreien. Es ist überhaupt schwer, sich von negativen Empfindungen zu lösen. Denn es reicht nicht aus, den Beschluss zu fassen: »Ab heute bin ich nicht mehr neidisch, und auch nicht mehr eifersüchtig.« Diese Gefühle kommen einfach auf und lassen sich nicht einfach wegbeschließen. Gefordert ist vielmehr ein

Wandel in der inneren Einstellung. Sie müssen andere – positive – Gefühle schaffen, damit die negativen Empfindungen keine Chance mehr haben, sich zu entwickeln und viel Platz in Ihrer Gefühlswelt einzunehmen.

Eine wirksame Hilfe auf Ihrem Weg zum Einstellungswandel ist auch hier die Meditation. Wenn Sie bereits in Ihrer Meditationstechnik, wie sie in Kapitel 5 beschrieben ist, so weit fortgeschritten sind, dass Sie Ihren Atem beobachten können, ohne dabei von störenden Geistesblitzen unterbrochen zu werden, können Sie damit beginnen, meditativ an Neid und Eifersucht zu arbeiten:

Sie haben sich tief und entspannt in Ihren Atem versenkt. Stellen Sie sich nun eine Person vor, auf die Sie schon immer neidisch waren. Vielleicht, weil sie schöner ist als Sie. Vielleicht, weil sie mehr Erfolg hat als Sie. Oder, weil ihr bestimmte Dinge unendlich leicht fallen, die Ihnen unendlich schwer fallen. Allein der Prozess, sich diese Person vorzustellen, erfordert von Ihnen ein hohes Maß Ehrlichkeit. Denn Sie müssen sich selbst gegenüber eingestehen, dass Sie diese Person beneiden und dass Sie unter diesem Gefühl leiden.

Jetzt bauen sie die Szene des »Goldenen Tores« um sich und Ihr Gegenüber auf. Stellen Sie sich vor, wie Sie mit dieser Person auf einem Leuchtturm stehen, mit weitem Blick auf Himmel und Meer. Das Meer rauscht sanft, der Himmel zeigt sich in klarem Blau. Nach einer Weile sehen Sie am Himmel ein goldenes Licht, das aus großer Entfernung allmählich näher kommt. Und Sie erkennen, dass es sich um ein goldenes Tor handelt, dass sich einladend für Sie öffnet.

Beobachten Sie Ihren Atem, verfolgen Sie die Bewegung des Atems durch den ganzen Körper. Stellen Sie sich vor, wie mit jedem Ausatmen alle schlechten und verwirrenden Gefühle Ihren Körper verlassen. Wie sie als dunkle Rauchwolke in das goldene Tor einziehen, und sich, sobald sie das Tor passieren, in helles Licht verwandeln. Und dieses Licht rieselt wie ein goldener Regen wohlig und sanft auf Sie herab. Es besteht aus vollendetem Mitgefühl, und es enthält alles, um Ihr Gefühl zu dem betreffenden Menschen zu reinigen und zu heilen. Und mit dem Einatmen nehmen Sie diesen Regen in sich auf.

Sie müssen diese Übung regelmäßig durchführen, um sich allmählich von Neid und Eifersucht zu befreien. Stellen Sie sich dabei auch immer wieder mit anderen Menschen auf den Leuchtturm. Auch Menschen, auf die Sie gar nicht neidisch zu sein glauben. Denn Neid ist ein subversives Gefühl, es gibt sich seinem Subjekt nur selten klar zu erkennen. Mittels der Meditation schicken Sie es jedoch durch das Goldene Tor des Mitgefühls.

Die Ja-aber-Falle

Die Ja-aber-Falle ist eine der am häufigsten verwendeten rhetorischen Tricks, nicht nur im Berufsleben. Die Taktik: Man täuscht eine »Ja«-Zustimmung vor, um dann – »aber« – diese Zustimmung sofort mit Gegenargumenten, Einschränkungen und Bedenken zurückzunehmen. Bei Ja-aber-Sätzen geht es nur selten darum, ein eigentlich gedachtes »Nein« durch ein höflich davor gesetztes »Ja« zu entschärfen. Und es geht erst recht nicht darum, Lösungen für ein Problem aufzuzeigen. Das Hauptanliegen besteht vielmehr darin, der Umwelt zu signalisieren: »Ich bin der Größte.« Typisches Beispiel:

Der Chef legt dem Kollegen einen Brief hin und sagt: »Kollege Müller, könnten Sie bitte diese Kundenbeschwerde beantworten?«

Die Antwort: »Ja, Chef. Kein Problem. Aber dann muss der Brief an die Firma X warten. Und Sie wissen, wie ungeduldig die dort sind.«

Was Kollege Müller eigentlich sagen will: »Ich bin gerade unentbehrlich in eine andere Sache verwickelt. Wie können Sie mir ausgerechnet jetzt mit Ihrem dämlichen Brief kommen.«

Psychologen vermuten, dass eine solche Ja-aber-Taktik bereits in der Kindheit erworben wird. Wenn ein Kind etwa ausschließlich für Leistung gelobt wird, lernt es schon früh: »Ich bin nichts wert, es sei denn, ich leiste etwas.« Und da jeder Mensch sich nach Anerkennung sehnt, erwächst aus dem Glauben »Ich muss viel leisten, um geliebt zu werden« das Verhaltensmuster, sich immer möglichst positiv darzustellen.

Aus buddhistischer Sicht bedeutsamer ist jedoch die Tatsache, dass die Ja-aber-Taktik typischer

Ausdruck für das Ich-Anhaften und damit ein Grundproblem für fast alle Menschen ist. Denn wer »Ja, aber« sagt, kann nicht hinnehmen; er muss immer sich selbst einbringen, weil er glaubt, tatsächlich von Bedeutung zu sein.

Nach buddhistischem Verständnis gibt es nur eine Möglichkeit, sich aus der Ja-aber-Falle zu befreien. Beginnen Sie, in sich selbst das Ja-aber-Denken auszutrocknen. Dazu müssen Sie Ihr Ich überwinden, also Ihre persönlichen Vorlieben, Meinungen, Urteile. Denn dies sorgt einerseits dafür, dass Sie selbst nicht mehr mit unfairen Ja-aber-Wendungen arbeiten, andererseits aber auch dafür, dass die Ja-aber-Neigung der anderen Menschen Ihnen gegenüber nachlässt. Denn sie werden spüren, dass ihnen jemand gegenübersteht, der das Ja-aber-Ich in sich aufgelöst hat und damit seine Empfindsamkeit gegenüber dieser rhetorischen Taktik verloren hat.

Begeben Sie sich in eine der Meditationen, wie sie in Kapitel 5 beschrieben sind. Wenn Sie gelernt haben, Ihre entspannte Aufmerksamkeit weitgehend ablenkungsfrei auf Ihren Atem zu bündeln, nehmen Sie sich irgendeinen Satz aus der Zeitung oder aus einem Buch, lesen ihn ein paar Mal laut und beginnen ihn immer wieder für sich zu rezitieren. Betrachten Sie diesen Satz ohne ein einziges Interesse, ohne sich eine Meinung über ihn zu bilden, ohne sich vor seinem Inhalt zu fürchten oder darüber zornig zu werden. Atmen Sie ein, atmen Sie aus. Mit dem Einatmen ziehen Sie die

Worte des Satzes in sich ein, mit dem Ausatmen lassen Sie die Worte wieder aus sich herausströmen, ohne dass auch nur eine Kleinigkeit an ihnen verändert wurde. Sie atmen den Satz also einfach nur ein und aus, ohne dass er eine Bedeutung erhält, ohne dass ihm etwas geschieht. Mehr nicht. Einige Sitzungen später werden Sie merken, dass Ihre Ja-aber-Neigung immer weiter zurückgeht. Denn Sie werden gelernt haben, Worte und Sätze einfach nur aufmerksam zu beobachten, ohne gleich ihren »Senf« dazu geben zu müssen.

Die Nichts-geht-mehr-Falle

Kennen Sie die folgenden Sprüche auch?

»In meinem Alter nimmt mich ohnehin keiner mehr.«

»In der Branche regieren eben nur Idioten.«

»Der Fisch stinkt vom Kopf her. Und solange sich nichts bei uns in den Führungsetagen tut, brauchen wir gar keine Verrenkungen zu machen – denn das hat eh keinen Sinn.«

»Ich gehe nicht zur Wahl. Ist doch eh alles Beschiss.«

»Ich kann einfach nicht aus meiner Haut.«

»Ich mache mir schon lange keine Illusionen mehr.«

»Das funktioniert ohnehin nicht.«

Endzeitstimmung, das Gefühl des »Nichts-geht-mehr« – wenn es ein Lebensgefühl gibt, das in Deutschland wirklich weit verbreitet ist, dann dieses. Und es läuft immer nach demselben Muster ab: Der Nichts-geht-mehr-Typ sagt sich und allen, von denen er glaubt, dass es sie interessiert: »Wie kann man denn von einem Menschen mit X erwarten, dass er Y erreicht.« Wobei X je nach Bedarf mit einer bestimmten Behinderung (»zu alt«, »zu verkrustete Strukturen«) ausgefüllt wird und Y mit einer Erfolgsaussicht (»endlich schwarze Zahlen«, »endlich einen Job«). »Der Schaden, der durch dieses Spiel entsteht«, warnt der deutsche Wirtschaftspsychologe Ulrich Dehner, »kostet die deutsche Wirtschaft jährlich Milliarden.«

Zu den Nichts-geht-mehr-Spielern zählen auch die ewigen Bedenkenträger. Angenommen, Sie haben für Ihre Firma ein Konzept erstellt, das ihr einige satte Aufträge für hochwertige und teure Produkte einbringen wird. Und Sie haben Ihren Verkäufern dazu eine flammende Motivationsrede gehalten. Selbst dann werden noch Reaktionen kommen wie:

»So viele betuchte Firmen, die dieses Produkt kaufen können, gibt es doch gar nicht.«

»Unsere Kunden sind doch alle gerade knapp bei Kasse. Woher sollen die für so ein Zeug das Geld nehmen?«

Das sind sie, die Bedenkenträger, die sofort auf die Bremse treten, falls mal so etwas wie kreative Euphorie aufkommen sollte. Natürlich sollte man neuen Entwicklungen auch immer eine Portion Skepsis entgegenbringen, doch die Nichts-geht-mehr-Typen üben sich weniger in kritischer Skepsis als vielmehr in prinzipiellem Misstrauen gegenüber dem Neuen, im bloßen Mauern und Festhalten an der Gegenwart, die zwar nicht unbedingt als angenehm, dafür aber wenigstens als sicher empfunden wird.

Für Buddha sind solche Menschen »Toren, die uns Leid schaffen, gleichwie ein Feind auf Schritt und Tritt«. Er empfiehlt, den Verkehr mit ihnen zu meiden. Doch das ist leichter gesagt als getan, denn zum Wesen des Toren gehört, dass er überall zu finden ist und man ihm kaum entgehen kann.

In jedem Fall sollte man sich selbst vom Nichts-geht-mehr-Gefühl befreien, denn etwas davon steckt wohl in jedem von uns. Eine erste Hilfe dazu kann die tiefe buddhistische Erkenntnis sein, dass es in dieser Welt weder Wahr, noch Falsch gibt. Beides entspringt nur unserem Wunschdenken. Ein Beispiel: Sie sind gerade 50 Jahre alt geworden. Jetzt können Sie sagen: »In meinem Alter hat man keine Chance mehr.« Sie können aber auch sagen: »Mit meiner langjährigen Erfahrung habe ich alle Chancen dieser Welt.« Keine dieser Aussagen ist wahr, und keine davon ist falsch. Doch mit Aussage A zementieren Sie Ihren Jobfrust, und mit Aussage B schaffen Sie Perspektiven. Deswegen enthält B zwar nicht mehr Wahrheit als A, doch sie bietet Ihnen eine Bewältigungsstrategie – und das ist für Ihr Leben (und nicht nur für Ihres!) erheblich höher einzuschätzen.

Wenn Sie erst einmal eingesehen haben, dass es im Hinblick auf Ihr Leben weniger wichtig ist, ob etwas wahr oder falsch ist, sondern vielmehr zählt, ob es tatsächlich für Ihren Bedarf funktioniert und Sie in der Bewältigung Ihres Lebens weiterbringt, haben Sie einen wichtigen Schritt nach vorn gemacht. Und es wird Sie auch unempfindlicher gegenüber dem Heer der Bedenkenträger und Nichts-geht-mehr-Typen machen. Die folgende Meditationsübung wird Ihnen dabei helfen:

Voraussetzung ist, dass Sie in Ihrer Meditationstechnik, wie sie in Kapitel 5 beschrieben ist, bereits so weit vorangeschritten sind, dass Sie Ihren Atem beobachten können, ohne dabei sonderlich von störenden Geistesblitzen unterbrochen zu werden. Jetzt fokussieren Sie Ihre Aufmerksamkeit auf einen Satz, der Ihnen bislang immer ausgesprochen falsch erschienen ist. Es kann ein Satz sein, den Sie noch aus der Schule oder dem Studium in Erinnerung haben. Es kann irgendetwas aus der Zeitung sein oder etwas, was Sie bei der Arbeit gehört haben. Wichtig ist, dass dieser Satz für Sie etwas Unwahres enthält, also absolut unhaltbar ist.

Sagen Sie diesen Satz immer wieder für sich auf, und zwar beim Ausatmen. Und dabei stellen Sie sich vor, wie mit dem Atem alle irritierenden und aufwühlenden Gedanken aus Ihnen herausströmen – und nicht mehr wiederkommen. Atmen Sie einfach ein und aus, ohne Erregung, ohne Bemühen, den Atem zu beeinflussen, und lassen Sie den

Satz aus sich herausströmen, und Atemzug für Atemzug erleichtern Sie Ihre Seele von dem Ballast, den dieser Satz in Ihnen aufgebaut hat.

Sie sollten diese Übung freilich auch mit Sätzen machen, an deren Wahrheit Sie glauben. Denn es gibt weder falsch noch wahr. Auch das Gefühl von Wahrheit ist nichts anderes als Anhaften, und für Ihren Weg zum Glück muss es überwunden werden.

Geselligkeit

Schon Buddha empfahl, beim Umgang mit den Menschen wählerisch zu sein:

»Geh' nicht mit bösen Freunden um,
mit Menschen, die gar niedrig sind;
mit edlen Menschen pfleg' Verkehr,
mit Menschen, die die höchsten sind.«

So fruchtbar Teamarbeit für das Lösen von Problemen sein kann, so schädlich kann es für das Berufsleben sein, sich im geselligen Miteinander zu tummeln, zum Beispiel nach der Arbeit mit den Kollegen einen trinken zu gehen. Das ist meist nichts anderes als Verschwendung von Zeit und Geld. Denn in diesen geselligen Runden findet in der Regel kein produktiver Wissensaustausch statt, sondern es wird getrunken, gejammert, gehetzt, gestichelt, gemobbt und getratscht. Im günstigsten Fall werden politische Meinungen ausgetauscht, und auch das erzeugt meistens Ärger. Und wer glaubt, dass Trinkgelage das Betriebsklima verbessern, ist ohnehin auf dem Holzweg. Allzu viel privates, freundschaftliches Wissen über Kollegen kann ein Arbeitsklima unnötig belasten, denn man steht gerade in Krisen den Menschen nicht so objektiv gegenüber, wie es die Situation verlangen würde. Auch nach Betriebsfeiern und Betriebsausflügen ist die Stimmung in Unternehmen eher schlechter als besser. Falls es allerdings ein ungeschriebenes Gesetz in Ihrer Firma geben sollte, sich dort blicken zu lassen, dann gilt: Augen zu und durch! Trinken Sie in jedem Fall nur wenig Alkohol. Außerdem können Sie sich bei Betriebsfeiern nach ein, zwei Stunden beim Chef für die Einladung bedanken und sich verabschieden.

Produktiver – nicht nur für Ihr Berufsleben – ist die Kontaktpflege zu Vorgesetzten, Kollegen und Mitarbeitern. Sammeln Sie vom ersten Tag Ihres Berufslebens an die Adressen aller Leute, die Sie kennen lernen, sei es geschäftlich oder auch privat. Notieren Sie sich auch immer den deren Beruf, wo sie arbeiten und welchem Hobby sie nachgehen. Kurz vor Weihnachten schicken Sie dann an diese Leute eine Grußkarte. Falls Ihre Liste im Lauf der Jahre zu lang geworden sein sollte, können Sie ja diejenigen ausstreichen, von denen Sie schon ein paar Jahre nichts mehr gehört haben. Es kann übrigens auch nicht schaden, sich bei Gelegenheit einmal zwischendurch zu melden, beispielsweise zum Geburtstag.

9
Big Monk is watching you: Die Kunst der unbemerkten Menschenführung

>»Nicht also wird zum Herren man,
Weil herrisch man die Wesen quält:
Wer alle Wesen herzlich liebt,
Ist weit und breit als ›Herr‹ bekannt.«

Gautama Buddha, »Dhammapada« (Pfad der Wahrheit)

Wer als Manager arbeitet, wird zwangsläufig auch Menschen führen müssen – selbst wenn er es eigentlich gar nicht will. Gautama Buddha stand vor einem ähnlichen Problem. Nachdem er unter dem Bodhi-Baum die Erleuchtung gefunden hatte, meditierte er auch an anderen Orten der Umgebung. Nach einiger Zeit kam ihm die Frage, ob er sein Wissen, den *dharma*, auch andere Menschen lehren sollte. »Er ist zu tief, zu schwierig, als dass er gelehrt werden könnte«, dachte er zunächst. »Zu grundsätzlich ist er verschieden von der allgegenwärtigen, tief eingefleischten Verblendung. Eine so völlig dem Anhaften verfallene, so sehr an Begierde und Hass gewöhnte Welt hat zu viel Staub auf den Augen, als dass sie je die Wahrheit erkennen könnte, vor der sie sich verkriecht.« Also kam Gautama zu dem Schluss, sein Wissen für sich zu behalten.

Dann erschien ihm jedoch der Gott Sahampati, und der bat Gautama flehentlich darum, doch »das Rad des Dharma zu drehen«. Denn es seien so viele Menschen, die aufrichtig nach der Wahrheit suchen und weniger Staub in den Augen hätten, als man ursprünglich vermuten würde. »Wenn du lehrst«, appellierte er an Gautama, »wirst du zahllose Wesen aus dem Kreislauf des Leidens befreien.« Gautama hatte ein Einsehen, und er begann, seine Lehre unter den Menschen zu verbreiten.

In der Folgezeit versammelten sich immer mehr Mönche um ihn, die schließlich im so genannten *sangha* zusammenlebten. Die Zahl seiner Mitglieder wuchs und wuchs, und damit kamen auch die typischen Probleme einer Gemeinschaft. Einmal entgleisten die Streitereien derart stark, dass Gautama nur noch spotten konnte, sogar Diebe und Mörder würden es schaffen, sich untereinander zu einigen, nicht aber die streitlüsternen Mönche des *sangha*. Der Buddha war gezwungen, einige Regeln zu schaffen, um das Zusammenleben seiner Gemeinschaft zu organisieren. Er verkündete den *pratimoksha*, das Regelwerk für das Zusammenleben im *sangha*. Außerdem ordnete er an, dass dieses Werk immer wieder vor der Versammlung der Mönche und Nonnen zu rezitieren sei – wobei genug Pausen gemacht werden sollten, um dem Einzelnen ausreichend Gelegenheit zu geben, seine Verstöße öffentlich zu bekennen.

Das klingt nach rauen Sitten, wie sie etwa bei einigen Sekten der heutigen Zeit üblich sind. Tatsache ist jedoch: In der Menschenführung legte Gautama zwar Wert auf Disziplin, doch diese Disziplin betraf in erster Linie die Loslösung vom Anhaften. Dabei versteht es sich von selbst, dass Disziplin immer als Befreiungsbewegung und nicht als Knechtschaft gegenüber bestimmten Regeln verstanden werden soll. Freie Urteilskraft, freie Entfaltung der Gedanken – diese Dinge waren Gautama wichtig, nicht das Durchpauken von religiösen Exerzitien und das Abkanzeln von Abtrünnigen oder Versagern. Und genau deswegen vermag er auch in der heutigen Menschenführung Maßstäbe zu setzen.

Kontrollieren Sie Ihr Kontrollbedürfnis

Auf vielen Führungsebenen wird immer wieder der Fehler gemacht, die Mitarbeiter an der kurzen Leine zu führen, sie unter ständiger Kontrolle zu halten. Ein Fehler, den auch schon der Zen-Meister Shunrya Suzuki erkannte:

»Euren Schafen oder Kühen eine große, ausgedehnte Weide zu geben,

ist der Weg, sie zu kontrollieren.

So verhält es sich auch mit den Menschen.

Lass sie zuerst tun, was sie wollen, und beobachte sie.

Das ist das beste Verhalten.

Ihnen keine Beachtung zu schenken, ist nicht gut.

Das zweitschlechteste Verhalten ist es zu versuchen, sie zu führen.

Das beste ist es, sie zu beobachten, sie nur zu beobachten,

ohne zu versuchen, sie zu führen.«

Halten Sie Ihr Kontrollbedürfnis unter Kontrolle. Engagierte Mitarbeiter wollen Entscheidungs- und Handlungsspielräume, die ihren Fähigkeiten angepasst sind. Von ihren Vorgesetzten erwarten sie, dass sie ihnen mit Rat und Tat zur Seite stehen, sie aber eigenverantwortlich arbeiten lassen. Werden sie von ihrem Vorgesetzten an der kurzen Leine geführt, erlischt ihr Feuer.

Sichere Entscheidungen

Engagierte Mitarbeiter legen Wert auf eindeutige Aussagen, Risikobereitschaft und zügige Entscheidungen. Halten sich ihre Vorgesetzten aus Angst, taktischer Vorsicht oder machtpolitischem Kalkül zurück, reagieren sie mit Dienst nach Vorschrift.

Wer »mit Buddha geht«, hat es einfacher, zügige und sichere Entscheidungen zu treffen. Denn seine grundsätzliche Geisteshaltung ist, wie schon erwähnt, die des Nicht-Anhaftens. Nichts wirkt auf

Mitarbeiter überzeugender als ein Chef, der in seinen Entscheidungen unabhängig ist, und das nicht nur gegenüber Angst- und Machtrankünen, sondern auch gegenüber seiner eigenen Geschichte. Dazu gehört, dass er überwindet, was er selbst gelernt hat. Entscheidungssicher ist nicht derjenige, der sich fragt: »Wie habe ich ähnliche Probleme früher schon einmal gelöst?«, sondern derjenige, der sich fragt: »Was wird hier und jetzt benötigt, um das Problem zu lösen?« Entscheidungshilfen seitens der Mitarbeiter sind natürlich ausdrücklich erwünscht. Wichtig ist dabei allerdings, dass man sich nicht von Sympathien oder Antipathien leiten lässt, sondern für alle Vorschläge offen ist, unabhängig von ihrer Herkunft.

Immer mal wieder belohnen

Freigebigkeit ist eine wichtige Sache, um Menschen bei Laune zu halten. Und für Sie persönlich ist sie wichtig, um Ihre eigene Unabhängigkeit und Fähigkeit zum Nicht-Anhaften zu dokumentieren. Viele Menschen machen jedoch den Fehler, dass sie Freigebigkeit als einen Akt verstehen, der in der Hierarchie von oben nach unten verläuft. Ein Missstand, der auch von Buddhisten wie dem tibetischen Meditationsmeister Trungpa Rinpoche aufgezeigt wird: »Freigebigkeit wird gern falsch verstanden und mit der Bedeutung assoziiert, sich gütig gegenüber jemandem zu zeigen, der unter einem steht. Man selbst findet sich in einer höheren Position und kann den anderen helfen, denen es schlecht geht und die leiden. Dieses Auf-jemand-anderes-Herabblicken ist eine sehr einfältige und primitive Sichtweise. Denn der eigentliche Sinn von Freigebigkeit lautet: Kommunikation.«

Gerade den letzten Satz sollte man sich verinnerlichen: Der Sinn von Freigebigkeit ist Kommunikation. Sie muss ein Akt des Gebens und Empfindens, des Austauschs sein, und nicht ein Akt der Gnade. Sie bedeutet, einfach das zu tun, was der Augenblick, was irgendeine beliebige Situation erfordert, ohne sich darum zu sorgen, was man dafür bekommt.

Also: Überraschen Sie Ihre Mitarbeiter immer wieder mit einer Prämie, vor allem dann, wenn sie etwas getan haben, was eigentlich gar nicht in deren Zuständigkeit gehörte. Warten Sie nicht darauf, dass die Prämienpolitik Ihrer Firma dafür sorgt. Wichtig ist allerdings bei Ihrer persönlichen Prämienpolitik, dass Sie nicht durchblicken lassen, welches System dahinter steckt. Denn sonst mobilisieren Sie die Speichellecker und Prämiengeier Ihrer Abteilung. Am besten ist, wenn Sie überhaupt kein System haben und sich bei Ihren Prämien an die Mitarbeiter ganz von Ihren spontanen Emotionen und Eingebungen leiten lassen.

Keine Geheimniskrämerei

In Buddhas Anweisungen zum Zusammenleben in der Mönchsgemeinschaft heißt es: »Der Regen lässt faulen, was eingepackt bleibt, aber nicht das, was offen daliegt.« Dieser Satz gilt auch für Ihren Umgang mit Ihren Mitarbeitern, gerade hier sollten Sie nichts im Verborgenen faulen lassen. Natürlich: Es gibt Dinge, die Sie nicht erzählen müssen, ja, die Sie sogar bewusst verschweigen sollten. Etwa Ihr persönliches Belohnungssystem Ihren Mitarbeitern gegenüber. Grundsätzlich sollten Ihre persönlichen Angelegenheiten Ihre eigene Sache bleiben, genauso wie Sie auch das Privatleben Ihrer Mitarbeiter zu respektieren haben. Doch in Bezug auf Angelegenheiten, die Ihre Abteilung und Ihre Firma als Ganzes betreffen, sollte es möglichst keine Geheimniskrämerei geben. Denn engagierte Mitarbeiter wollen wissen, was im Moment geschieht, was geplant ist, wo es Erfolge und wo es Probleme gibt – und besonders, wozu sie selbst etwas beitragen können. Sie verstehen Ihren Vorgesetzten als Informationsbroker und erwarten von ihm Offenheit und Ehrlichkeit. Wer seine Mitarbeiter auf Info-Sparflamme hält, reduziert ihre Motivation. Doch es gibt einen noch größeren Fehler: Wenn wichtige Informationen nur an einige Ausgewählte des Mitarbeiterstabs weitergegeben werden, so wie einst Könige ihre königliche Gnade nur ausgewählten Günstlingen gewährten. Wer das praktiziert, vergiftet das Arbeitsklima, sorgt für Misstrauen unter den Kollegen und Radfahrertum. Wenn Sie tatsächlich der Meinung sind, dass einige Ihrer Mitarbeiter kein Vertrauen verdienen und deshalb nicht an Ihren Informationen teilhaben dürfen, sollten Sie ernsthaft überlegen, sich von diesen Leuten zu trennen. Und wenn das nicht möglich ist, sollten Sie darüber nachdenken, sich selbst nach einem neuen Arbeitsplatz umzusehen.

Nicht vom Posten auf das Ich schließen

Aus der Arbeitspsychologie ist schon länger bekannt, dass viele Menschen ab dem Moment ihrer Beförderung ihren Charakter verändern und den großen Macker raushängen lassen – und damit das Betriebsklima vergiften. Freilich, diese Menschen verändern nicht plötzlich ihren Charakter, sondern sie finden ihrem Charakter nach im Karrieremachen jene Erfüllung, die sie immer ersehnt haben: Sie wollen das eigene Ich in den Vordergrund stellen und es überall ausbreiten. Und da die Beförderung in der Regel einen Machtzuwachs zur Folge hat, wird sie von den Beförderten als Signal verstanden, dass ihr Ich jetzt noch mehr Gewicht bekommen hat. Aus diesem Grund findet man in vielen Führungsetagen von sich besessene Selbstdarsteller, deren Effizienz weit hinter dem zurückbleibt, was ursprünglich von ihnen erwartet wurde.

Aus der Sicht Buddhas ist die Betonung des Ichs natürlich ein Irrtum. In Wirklichkeit existiert nämlich nur die Wahnvorstellung eines Ichs. Das Ich ist keine feste, ewige Wirklichkeit, sondern nur eine zeitweilige Fügung aus Form, Empfinden, Wahrnehmung, begrifflichen Formkräften und Bewusstsein. Daher ist es schwachsinnig (in der eigentlichen Bedeutung von »bei schwachen Sinnen sein«), durch eine Beförderung dem Ich mehr Bedeutung geben zu wollen – denn das, was nicht ist, kann durch eine Beförderung auch nicht an Einfluss gewinnen.

Bleibt die Frage, wie die buddhistische Reaktion auf eine Beförderung aussieht. Der buddhistische Mensch versucht, das Ich abzustreifen und die Beförderung nicht als Machtzuwachs, sondern vielmehr als eine neue Funktion zu empfinden. Denn darin besteht ihr eigentlicher Sinn: den Mitarbeiter auf eine Position zu bringen, die mehr als die vorherige seinen tatsächlichen Talenten und Fähigkeiten entspricht. Lehnen Sie sich also nicht wohlig grunzend – »Aah, endlich hab ich mehr Macht« – in Ihrem Chefsessel zurück, sondern überlegen Sie sich: Wo liegen meine neuen Aufgaben und Tätigkeiten? Was wird jetzt von mir erwartet? Wie kann ich diese Erwartungen optimal erfüllen? Machen Sie eine Bestandsaufnahme vom Hier und Jetzt Ihres aktuellen Arbeitsgebiets, anstatt irgendwelche angeblichen Machtansprüche durchzusetzen.

Wenn Sie wirklich glücklich werden wollen mit Ihrer Beförderung, und wenn Sie – was noch wichtiger ist – andere damit glücklich machen wollen, sollten Sie diesen Schritt nicht als Ritterschlag für frühere Verdienste und auch nicht als Freibrief zum willkürlichen Gebrauch der neu gewonnenen Macht betrachten, sondern als Aufforderung, Ihre Fähigkeiten in neue Bereiche einzubringen. Nur so werden Sie nicht zu jener tragischen Figur, die so verbreitet ist: dem zynischen und in sich selbst verliebten Chef, der seinen Mitarbeitern das Leben zur Hölle macht und von seiner Firma nur noch als renditeschwache Altlast mitgeschleppt wird.

Zuhören!

Eine repräsentative Studie an Mitarbeitern der öffentlichen Verwaltung ergab, dass etwa 45 Prozent ihrer kommunikativen Tätigkeiten aus Zuhören bestehen, während Reden 30 Prozent und Lesen gerade einmal 16 Prozent ausmachen. Doch leider besteht bei den meisten Menschen das Zuhören nur darin, dass sie einmal nicht selbst reden – von aktivem Zuhören im Sinn von Verstehen und Akzeptieren kann man nicht sprechen. Gerade über Abteilungsleiter hört man immer wieder die Klage, dass sie ihren Mitarbeitern überhaupt nicht zuhören würden. Obwohl viele von ihnen sicher in einschlägigen Seminaren erfahren haben, dass das Nicht-Zuhören auf andere Menschen verletzend wirkt und Zuhören als Kennzeichen weiser und überlegter Menschen gilt, bringen sie es allenfalls zu guten Zuhör-Mimen. Echte Zuhörer werden sie dadurch noch lange nicht, in ihren Augen erkennt man weiterhin geistige Abwesenheit, und spätestens bei der Frage, ob sie etwas mitbekommen haben, werden sie entlarvt.

Doch warum schaffen es die meisten Führungskräfte nicht, einfach nur zuzuhören? Die Antwort ist simpel: Auch sie kleben an ihrem Ich. In ihrem Gehirn läuft ein Film mit ihnen in der Hauptrolle, ohne dass jemand anderes dort Einfluss nehmen dürfte. Und je weiter oben ein Mensch in der Hierarchie eines Unternehmens steht, umso mehr läuft er Gefahr, nicht nur der Hauptdarsteller, sondern auch der Regisseur dieses Filmes sein zu wollen, dem kein anderer mehr ins Handwerk pfuschen darf, nach dem Motto: »Zuhören musste ich, als ich selbst noch Untergebener war. Jetzt bin ich Chef, und da haben mir gefälligst die anderen zuzuhören.« Wer als Chef nicht zuhören kann, behindert die Kreativität seiner Abteilung. Denn kreative Mitarbeiter haben etwas zu sagen, sie wollen mit ihren Vorschlägen Gehör finden. Kluge Vorgesetzte wissen das und hören deshalb zu.

Versuchen Sie daher, immer auf Empfang zu bleiben. Sie sollten vor allem versuchen das zu hören, was nicht gesagt wird – wie Sherlock Holmes, der »den Hund, der nicht bellte« hörte. Sie sollten hören, was Augen, Hände, Untertöne, Gähnen und Stirnrunzeln zu sagen haben – und das am besten nicht nur bei Ihren Mitarbeitern, sondern auch bei Ihren Kunden, Vorgesetzten, Konkurrenten und natürlich auch bei Ihrer Familie.

Seien Sie sparsam mit Konflikten

Engagierte Mitarbeiter sind oft eigensinnig, fabrizieren unorthodoxe Ideen und neigen zu außergewöhnlichen Vorgehensweisen, die Widerspruch hervorrufen. Sie einfach mit Ihrer Macht als Vorgesetzter abzukanzeln ist das Schlimmste, was Sie machen können, denn damit kastrieren Sie die Kreativität Ihrer Mitarbeiter. Besser ist, wie bereits Zen-Meister Shunrya Suzuki sagte, Ihre Mitarbeiter zunächst so arbeiten zu lassen, wie sie es für richtig halten, und sie bei den jeweiligen Projekten aufmerksam zu begleiten. Sollte Ihnen auffallen, dass Ihnen an der Arbeit Ihrer Mitarbeiter etwas nicht passt, sollten Sie zunächst überlegen, ob es daran liegen könnte, dass die Vorgehensweise oder Art Ihrer Mitarbeiter Ihren eigenen Vorstellungen widerspricht. In diesem Fall könnte es angebracht sein, sich selbst zurückzunehmen. Wenn Sie nach all diesen Überlegungen zu dem Schluss kommen, dass die Ideen Ihrer Mitarbeiter sich von den Zielen für das Projekt oder den Richtlinien von Abteilung und Firma entfernt haben, sollten Sie einschreiten. Achten Sie jedoch darauf, dass Sie dabei sachlich bleiben. Stellen Sie nicht die Qualifikation

Ihres Mitarbeiters infrage, sondern helfen Sie ihm, seinen Kurs zu korrigieren. Mit Sätzen wie »Was haben Sie denn da bloß wieder für einen Mist gebaut?« und »Das war ja wohl nix!« zeigen Sie Ihrem Mitarbeiter Verachtung, und das ist nur wenig motivierend. Besser sind Fragen wie »Sind Sie sich sicher, dass der von Ihnen eingeschlagene Weg zum Ziel führt?« und »Können Sie sich auch andere Lösungsansätze vorstellen als den, den Sie gerade ausgearbeitet haben?«. Gautama Buddha pflegte in Auseinandersetzungen seine Gegner stets mit Fragen zu konfrontieren, um sie anzuregen, Selbstkritik zu üben und von sich aus ihren eingeschlagenen Pfad zu ändern.

10
Mit Buddha Krisen meistern

»Wachheit der Pfad zum Todlosen,
Schlaffheit der Pfad zum Tode ist.
Die Wachen sterben nimmermehr,
die Schlaffen sind den Toten gleich.«

Gautama Buddha, »Dhammapada« (Pfad der Wahrheit)

Menschen können in der Bewältigung von Krisen sehr unterschiedlich sein. Die einen geraten
schon in Anbetracht eines eingewachsenen Zehen-
nagels in Panik, während andere noch nicht einmal durch eine schwere Krebserkrankung aus der
Bahn geworfen werden. Einige Menschen schieben
schon den Blues, wenn ihre Aktienpakete für ein
paar Monate in Kurstälern wandeln, während wieder andere sogar den Verlust ihrer Familie weg-
stecken.

Wir haben großen Respekt vor all den stillen
Helden, die auch in schwersten Krisen die Haltung bewahren und sogar gestärkt daraus hervor-

gehen. Vor Eheleuten, die nicht darüber verzweifeln, wenn sie unermüdlich am Sterbebett ihres Partners sitzen. Vor Frauen, die nicht darüber verzweifeln, dass sie mit drei Kindern sitzen gelassen wurden. Und wir empfinden Spott für die Weicheier, die schon jammern, wenn ihr Auto kaputt ist, oder die Welt mit Selbstmordgedanken traktieren, nur weil sie bei der Beförderung übergangen wurden.

Doch obwohl wir ahnen oder sogar wissen, dass es heldenhaft ist, die großen Krisen zu meistern, und jämmerlich, an kleinen Krisen zu zerbrechen, können wir oft nicht aus unserer Haut. Immer wieder regen wir uns selbst über Nichtigkeiten auf. Über den Postboten, der zu spät an unseren Briefkasten kommt, über das Honorar, das nur unvollständig auf unserem Konto eingegangen ist, über das Finanzamt, das unseren Abschreibekünsten nicht folgt, und über die Pusteln, die vorübergehend für Irritationen auf unserem Antlitz sorgen. Über Heldenhaftigkeit zu reden ist leicht, doch in Anbetracht unserer eigenen Alltagskrisen verhalten wir uns oft alles andere als heldenhaft.

Die moderne Psychologie befasst sich erst seit einigen Jahren mit den unterschiedlichen Krisenfestigkeiten der Menschen. Ihr Fachausdruck dafür lautet: Resilienz. Damit wird jene psychische und physische Stärke bezeichnet, die es Menschen ermöglicht, Lebenskrisen ohne langfristige Beeinträchtigung zu meistern. Und es ist interessant, wie sich die Erkenntnisse der Resilienzpsychologie mit dem decken, was der Buddhismus zur Auseinandersetzung mit Krisen vorschlägt.

Akzeptieren Sie Ihr Karma

Einige Menschen werden bereits durch ein kleines Unglück oder Missgeschick aus der Bahn geworfen, anderen Menschen macht selbst die Verkettung einschneidender Schicksalsschläge und Verfehlungen nichts aus. Gautama Buddha hat sich über dieses Phänomen lange Zeit Gedanken gemacht und kam zu dem Schluss, dass nicht Härte oder Häufigkeit von Geschehnissen über ihre Wirkung entscheiden, sondern die geschichtlichen Voraussetzungen des Menschen, dem diese Geschehnisse widerfahren. Dessen Erfahrungen – und zwar weniger aus seinem jetzigen, als vielmehr aus seinem früheren Leben (also seinem *karma*) – entscheiden darüber, inwieweit er sich von negativen Geschehnissen treffen lässt. In dem folgenden Dialog aus dem »Anguttara Nikaya« wird dieser Mechanismus eindrucksvoll beschrieben.

Und Buddha sprach: »Was meint ihr wohl, ihr Mönche: Gesetzt, es würde ein Mann einen Klumpen Salz in eine kleine Tasse voll Wasser werfen; würde da wohl das wenige Wasser in der Tasse durch jenen Salzklumpen salzig und ungenießbar werden?«

»Gewiss, o Herr.«

»Und warum?«

»Es befindet sich ja nur sehr wenig Wasser in der Tasse. Das würde durch jenen Klumpen Salz salzig werden und ungenießbar«, antworteten die Mönche.

»Wenn aber ein Mann einen Klumpen Salz in den Gangesstrom wirft, was meint ihr da, ihr Mönche, würde dann das Wasser des Ganges durch jenen Salzklumpen salzig und ungenießbar werden?«

»Das wohl nicht, o Herr.«

»Und warum nicht?«

»Es befindet sich ja eine gewaltige Menge Wasser im Gangesstrom; das würde durch jenen Klumpen Salz nicht salzig und ungenießbar werden.«

»Ebenso, ihr Mönche, ist es mit einem, der nur ein kleines Vergehen verübt hat, und dieses bringt ihn zur Hölle. Ein anderer hat eben dasselbe kleine Vergehen verübt, und es zeigt sich nicht einmal die kleinste Wirkung, geschweige eine große.«

Das Karma eines Menschen entscheidet also darüber, wie tief ein Mensch von Schicksalsschlägen, die ihm widerfahren oder die er in die Wege leitet, getroffen wird. Ist sein Karma, die Summe des Handelns und Wollens aus früheren Leben, bereits in vollem Fluss in Richtung Erleuchtung und Befreiung vom Leiden der Welt, können ihm selbst die größten Schicksalsschläge nichts anhaben. Ist sein Karma jedoch schwach, können ihm auch kleinste Missgeschicke das Leben verhageln. Dies erklärt, warum auch Menschen mit gutem und untadeligem Charakter mitunter durch einen winzigen Fehler alles verlieren, ihren Ruf, ihre Karriere und ihr Glück. Und es erklärt, warum andere Menschen mit ausgesprochen schlechtem Charakter ihr Leben in positive Bahnen lenken – allein dadurch, dass sie in einem kleinen Augenblick aus einem Impuls des Großmuts und der Freundlichkeit heraus handelten.

Auch wissenschaftlich denkende Menschen sollten diese Karma-Theorie für die unterschiedliche Resilienz einzelner Menschen nicht vorschnell verwerfen. So sind junge Eltern immer wieder erstaunt, bei ihren Kindern körperliche und psychische Merkmale vorzufinden, die weit über die Generation der Eltern und der Großeltern hinausgehen. Ein Phänomen, dass auch Genetiker bestätigen können. Sie fanden zum einen deutliche Belege dafür, dass gerade unser Charakter mehr von den Genen als vom Erlernten geprägt wird, und sie stellten zum anderen fest, dass diese Gene ja nicht nur ein Erbe unserer Eltern sind, sondern auch die Summe unserer gesamten Ahnengalerie, bis hinunter zur winzigen Amöbe. Das Karma scheint also auch eine gewisse naturwissenschaftliche Basis zu besitzen.

Also: Wenn es Sie beruhigt, können Sie ja Ihr Karma als einen spezifischen Ausdruck Ihrer Gene interpretieren. Das Ergebnis ist dasselbe: In unserer Resilienz, also in unserer Fähigkeit, Krisen zu meistern, sind wir weniger von dem abhängig, was wir gelernt haben, als von dem, was bereits die Richtung vorgab, bevor wir in die Welt getreten sind. Das Bedauerliche daran ist natürlich, dass wir solche pränatalen Richtungsvorgaben nicht beeinflussen können. Was wir jedoch trainieren können, ist die Art und Weise, wie wir damit umgehen.

Ruhen Sie sich nicht auf Ihrem Karma aus

Es ist wichtig, dass Sie die Kraft des Karmas für Ihre Widerstandsfähigkeit gegenüber Krisen akzeptieren. Denn dies gibt Ihnen die Gewissheit, dass Sie in Ihren Krisen auf etwas vertrauen können, das jenseits von dem liegt, was Ihr beschränkter individueller Intellekt für möglich hält.

Doch ebenso wäre es falsch, sich auf dem Karma auszuruhen. Wer zu sich sagt: »Es ist nun einmal mein Karma, mich über jede Kleinigkeit aufzuregen, warum sollte ich also etwas daran zu ändern versuchen?«, macht einen schweren Fehler. Denn Karma ist gestaltbar. Wäre es nicht so, würde es ja überhaupt keine Veränderungen geben, und kein Wesen hätte eine Chance, sich von einer Wiedergeburt zur nächsten weiterzuentwickeln und schließlich zur Erleuchtung zu gelangen.

Außerdem ist Ihr Karma mehr als nur eine Altlast aus der Vergangenheit, es überträgt Ihnen auch eine gewaltige Verantwortung für die Zukunft. Denn genauso, wie Sie bereits in früheren

Leben vorhanden waren, werden Sie auch in späteren Leben wieder da sein. Das heißt: Mit all dem, was Sie hier und jetzt denken und tun, legen Sie auch den Grundstein für das, was später Ihren Wiedergeburten widerfahren wird. Üben Sie sich in Weinerlichkeit, Hass, Zorn und Gier, graben Sie Ihrem Karmastrom das Wasser ab und geben dem späteren Leben gerade noch ein karmisches Rinnsal mit, das eher vom Austrocknen bedroht ist, als dass es zur Erleuchtung führen könnte. Betätigen Sie sich hingegen in Mitgefühl, Güte und Gleichmut, schwillt der Karmastrom an zu einem Fluss, in dessen Fahrwasser man sicher zu Glück und Erleuchtung gelangt.

Man kann sich vorstellen, welche Kraft ein Mensch entfalten kann, wenn er weiß, dass das, was er gerade tut oder denkt, ewige Bedeutung hat, ein Teil des ewigen Karmastroms ist. Die ungeheure Kraft zum Erdulden von Leiden, die wir oft bei buddhistischen Mönchen beobachten können, aber auch ihre psychische und körperliche Kraft entspringt zum großen Teil dieser Gewissheit, Teil eines großen Ganzen zu sein und auf dem Karmastrom in Richtung Erleuchtung zu schwimmen. Dennoch: Wir abendländischen Menschen haben in der Regel unsere Probleme mit Karma und Wiedergeburt. Und es fällt auch tatsächlich schwer, Argumente dafür zu finden. Doch es ist möglich, sich der Karma-Idee mithilfe der Meditation intuitiv, auf non-argumentativem Weg zu nähern.

Begeben Sie sich dazu in die Meditation, wie sie in Kapitel 5 beschrieben ist. Atmen Sie ein und aus, wobei der Atemrhythmus von sich aus zu sich selbst findet. Lenken Sie Ihre Aufmerksamkeit ganz auf den Atem, beobachten Sie, wie er sich verhält, versuchen Sie aber nicht, ihn bewusst zu beeinflussen.

Wenn Sie es geschafft haben, vergegenwärtigen Sie sich, wie das Karma mit dem Einatmen in Sie hineinströmt, und mit dem Ausatmen Sie selbst in das Karma eingespeist werden. Sie können sich dabei, wie bereits erwähnt, das Karma als Fluss vorstellen, der durch Ihr Ausatmen wohl an Wasser gewinnt, dabei aber nicht schneller wird. Sich die menschliche Geschichte als Fluss vorzustellen, hat nicht nur im Buddhismus Tradition, auch in der griechischen Mythologie gibt es den Fluss Lethe, der das Reich der Toten umfließt und dessen Wasser, sofern es getrunken wird, bei uns die Erinnerung an das irdische Dasein auslöscht. Sie können sich aber auch das Karma in einer anderen Weise vergegenwärtigen, ganz, wie es Ihnen beliebt.

Wer an dieser Stelle noch auf weitere Anweisungen wartet, wie er sich meditativ dem Karma zu nähern hat, muss enttäuscht werden. Der Meditierende soll nicht geführt werden, denn es geht nicht darum, irgendwohin zu kommen, sondern dort zu sein, wo man gerade ist. Also: Atmen Sie ein und aus, lassen Sie mit dem Einatmen das Karma in sich hineinströmen und mit dem Ausatmen sich selbst ins Karma einbringen. Und beobachten Sie, ganz ohne Interesse, aber trotzdem hellwach! Sonst nichts. So wird Ihnen die Meditation neue Erkenntnisse gewähren.

Sie haben nicht mehr Pech als andere

Buddha hat immer wieder betont, dass sich die Menschen nicht großartig darin unterscheiden, was ihnen an Glück oder Unglück widerfährt, wohl aber darin, wie sie darauf reagieren. Neuere Untersuchungen amerikanischer Wissenschaftler können das bestätigen. Ihnen zufolge gibt es im wirklichen Leben weder die »Pechmarie« noch den »Hans im Glück«. »Wenn eine Person viele negative Erfahrungen macht«, erklärt Psychologe Ed Diener, »dann hat sie mit großer Wahrscheinlichkeit gleichzeitig auch positive Erlebnisse und umgekehrt.« Dies bedeutet: Gleichgültig, ob wir es mit jemandem zu tun haben, der in einer Automobilfirma Herr über 1000 Angestellte ist, oder mit jemandem, der unter den Brücken Herr über zehn Wermutflaschen ist, beide erfahren Glück und Unglück in etwa gleichem Verhältnis. Möglich, dass Qualität und Quantität ihrer Erlebnisse und Handlungen unterschiedlich sind, doch der relative Quotient von Glück und Pech fällt bei ihnen ähnlich aus.

Natürlich: Es mag auch menschliche Schicksale geben, in denen sich eine aberwitzige Häufung von Unglücksfällen findet. Doch das ist die Ausnahme. Denn bei näherer Überprüfung der Unglücksgeschichten, wie sie in Kneipen, Kantinen, Cafés und Selbsthilfegruppen ausgebreitet werden, erweist sich vieles als Übertreibung oder sogar als blankes Märchen. Freilich gibt es Menschen, die aktiv sind, ein hohes Risiko eingehen und viel tun. Ihnen passiert allein aufgrund ihrer größeren Handlungssumme mehr Positives, aber auch mehr Negatives im Leben als jenen, die passiv sind, ein geringes Risiko eingehen und wenig tun. In ihrem Verhältnis von Glück und Unglück unterscheiden sich die Lebensläufe von Aktiv- und Passivmenschen jedoch nicht sonderlich voneinander. Es besteht also auch hier kein Grund für die eitle Annahme, vom Schicksal in besonders hartem Maß getroffen zu sein. Wer mit seinem Schicksal hadert, handelt nicht nur unfair gegenüber seinen Mitmenschen, er betrügt sich auch selbst.

Akzeptieren Sie die Krise

Wenn Kleinkindern etwas Schlimmes passiert, dann schließen sie die Augen und hoffen, dass alles vorbei ist, wenn sie später die Augen wieder aufmachen. Ein Mechanismus, den viele Menschen auch im Erwachsenenalter beibehalten. Zwar ist bei ihnen die motorische Aktion des Augenschließens weggefallen, doch wenn sie in einer Krise hartnäckig deren Existenz leugnen, machen sie im Prinzip genau das Gleiche. Man denke nur an den Spitzenmanager, der die finanzielle Situation seines Unternehmens in rosigen Farben ausmalt, obwohl schon einige Tage später das Insolvenzverfahren eingeleitet wird. Oder an den Geschäftsführer, der noch hektisch Aufträge an andere Unternehmen erteilt, obwohl er sie gar nicht mehr bezahlen kann.

Auch die BSE-Krisen der letzten Jahre zeigten, wie weit verbreitet das Phänomen des Augenzumachens und der panischen Es-steht-schlecht-aber-ich-bin-noch-da-Aktivitäten ist. Da gab es Politiker und Funktionäre, denen man einen Fehler nach dem anderen nachwies, die aber deren Existenz selbst dann noch leugneten, als sie schon ihres Amtes enthoben waren. Menschen mit dieser Haltung haften an ihrem Posten und damit vor allem an ihrem Ich – an der Unfehlbarkeit der Urteile, die dieses Ich getroffen hat. Nach buddhistischem Maßstab kann ein solches Verhalten freilich negative Folgen haben. Denn gerade das Ich gehört hier zu den Wahnvorstellungen, die uns am energischsten daran hindern, Glück und Erkenntnis zu finden. Und die Politik- und Wirtschaftslandschaft zeigt immer wieder, dass diejenigen, die am hartnäckigsten Krisen und Fehler leugnen, am tiefsten fallen.

Ein buddhistischer Mensch leugnet Fehler und Schicksalsschläge nicht. Er weiß: Weglaufen hilft nicht. Und er weiß auch: Im Moment der Krise kann er keinen klaren Gedanken fassen, geschweige denn eine Entscheidung treffen. Deswegen lässt er sich Zeit und geht an einen Ort, wo er sich wohl fühlt – das kann sein Bett sein, ein entlegenes Hotel, das eigene Häuschen im Grünen oder der Angelteich. Dort lässt er seinen Gefühlen freien Lauf, um schließlich gestärkt aus diesem Tal der Tränen wieder aufzuerstehen und entsprechende Maßnahmen zum Bewältigen der Krise zu ergreifen.

Sie sind kein Opfer

Krisen sind schlimm, doch sie werden noch schlimmer, wenn man sich in ihnen als Opfer sieht. Schon Gautama Buddha sagte:

»Geschlagen hat er mich, beschimpft,
hat mich besiegt, hat mich beraubt!:
Wer solchem Denken gibt sich hin,
in dem kommt nie der Hass zur Ruh.«

Ein Mensch, in dem der Hass nicht zur Ruhe gekommen ist, löst keine Krisen, er verschärft sie nur. Also: Hüten Sie sich davor, sich selbst in Ihren Krisen als Opfer zu sehen. Hüten Sie sich vor Formulierungen wie: »Alles nur Arschlöcher um mich herum!«, »Was soll man da schon machen?«, »Niemals werde ich mehr glücklich sein!«, »Warum passiert so etwas ausgerechnet mir?« und »Ich weiß nicht, was ich tun soll?«. Wenn Ihnen solche Gedanken kommen, werfen Sie sie einfach weg wie ein Stück morsches Holz. Ohne darüber zornig oder traurig zu sein, sondern einfach mit dem Gefühl, etwas wegzuwerfen, das weder Ihnen noch irgendeinem anderen Menschen (außer vielleicht Ihren Feinden!) irgendeinen Nutzen bringt.

Sie sind niemals allein schuld

Ebenso schlimm wie die Opferlammhaltung ist es, sich mit Selbstvorwürfen zu quälen: »Hätte ich nicht so viel gearbeitet, dann wäre ich heute noch verheiratet!«, »Wenn ich ihm nur nicht erlaubt hätte, Motorrad zu fahren …!«, »Warum habe ich nur diese Aktien gekauft?«.

Wer sich in Krisen die ganze Verantwortung aufhalst, liegt meistens nicht nur falsch, er lähmt auch sein persönliches Krisenmanagement. Richtig ist, die Geschehnisse nicht ausschließlich internal (»Ich bin allein schuld«) zu erklären, sondern zu begreifen, dass auch andere Umstände dazu beigetragen haben. Gautama Buddha erklärt hierzu:

»Alle Dinge entstehen aus einer Ursache.

Wer dies erkennt, der sieht die Wahrheit.«

Und dies bedeutet, dass wir im strengen Sinn keine Entscheidungsfreiheit haben, sondern stets von anderen Dingen, die wir nur wenig oder gar nicht beeinflussen können, geleitet werden. Was nicht heißen soll, dass wir für nichts zur Verantwortung gezogen werden können. Jedoch ist es müßig und kraftraubend, sich ständig mit seiner persönlichen Schuld zu befassen.

Wie wichtig diese Erkenntnis ist, zeigt eine Studie des Münchner Psychologen Dieter Frey. Er stellte Unfallopfern zwei Tage nach der Einlieferung Fragen wie: »Wer war schuld an dem Unfall? War er vermeidbar?« Danach protokollierte er Ihren Genesungsverlauf. Das Ergebnis: Patienten, die glaubten, nicht allein schuld am Unfall zu sein, erholten sich schneller (etwa 80 Tage bis zum Wiedererlangen der Arbeitsfähigkeit) als Unfallopfer, die nach dem klassischen Selbstzerfleischungsmuster – »Warum gerade ich?«, »Wie konnte mir das nur passieren?« – mit ihrem Schicksal haderten (etwa 140 Tage bis zum Wiedererlangen der Arbeitsfähigkeit).

Suchen Sie nach Lösungen

Grundsätzlich gibt es zwei Möglichkeiten, auf Krisen zu reagieren. Man kann klagen oder aber man kann sich auf die Lösung des Problems konzentrieren, nach dem buddhistischen Muster: »Wir können nicht beeinflussen, was mit uns geschieht, aber wir können entscheiden, welche Folgen das Geschehene für uns hat.« Wer letzteren Weg einschlägt, hat weitaus größere Chancen, gestärkt und voller Selbstvertrauen aus seinen Krisen hervorzugehen.

Wichtig ist dabei, nicht an dem Geschehenen zu haften. Meditieren Sie über ihren Ist-Zustand (»Was ist mir geblieben? Wo kann ich mich noch weiterentwickeln?«), und grübeln Sie nicht über Ihre Vergangenheit (»Es war doch so schön! Niemals wird dieser Moment wieder kommen!«) und auch nicht über Ihre Zukunft (»Was soll nur werden? Mein Leben ist verpfuscht!«).

Der Starke ist nicht am mächtigsten allein

Tough-guy-Sprüche wie »Der Starke ist am mächtigsten allein!« oder »Was mich nicht umbringt, macht mich nur härter!« sind Schnee von gestern, mit modernem Krisenmanagement haben sie nichts zu tun. Krisenfeste Menschen zeichnen sich vielmehr durch ihre Fähigkeit aus, mit anderen über ihre Sorgen zu sprechen. Psychologische Studien belegen, dass derjenige mit Krisen besser fertig wird, der in eine Familie oder in ein festes soziales Netz von Freunden eingebunden ist.

Entscheidend ist allerdings, dass Sie sich in Ihren Krisen die richtigen Gesprächspartner aussuchen. Wer aus Ihrer Krise Gewinn ziehen könnte, sollte nicht dazu zählen. Und es sind leider immer eine ganze Menge von Leuten, die aus Krisen profitieren. Von Ihrer Schlappe bei der letzten Werbekampagne profitieren nämlich nicht nur Ihre Konkurrenten innerhalb und außerhalb des Betriebs, sondern möglicherweise auch Ihre einfühlsame Sekretärin, die unter dem Beichtmutter-Syndrom leidet und es genießt, wenn man sich bei ihr ausheult, oder auch Ihr alter Kumpel aus Studienzeiten, der schon immer eifersüchtig auf Ihre Erfolge war. Vorsicht ist auch bei jenen Amateur- und Profipsychologen geboten, die Meister des großen Analysierens sind, mit Ihnen Schicht für Schicht Ihrer Seele aufdecken, aber keinen Zug zur Lösung von Problemen haben. Wer mit seinen Sorgen zu ihnen geht, wird nicht mit Lösungen verabschiedet, sondern mit noch mehr Problemen.

Also: Denken Sie darüber nach, mit wem Sie tatsächlich über Ihre Sorgen sprechen können. Vielleicht lohnt sich ja auch einmal ein Blick in die heimischen vier Wände – es soll noch Ehepaare und andere Lebensgemeinschaften geben, die tatsächlich offen miteinander sprechen können.

Nichts ist selbstverständlich

Krisenfeste Menschen halten nichts für selbstverständlich. Ob es ihre Ehe ist, ihr Mietvertrag, ihre Rente, ihr Job oder ihre Gesundheit – sie wissen, dass sie für all das auch etwas tun müssen und dass sich an allem etwas verändern kann. Diese Einstellung schützt sie davor, von Ereignissen überrumpelt zu werden.

Der Buddhismus betont immer wieder, dass alles, was auf dieser Welt existiert, dem Wandel unterworfen ist. Und dass es daher sinnlos ist, an irgendetwas zu haften, es als etwas Bleibendes und Festes zu sehen. Was nicht heißen soll, dass Sie, kaum dass Sie in einem neuen Job angefangen haben, direkt Ihre Kündigung ins Auge nehmen sollen. Sie sollten jedoch begreifen, dass Ihr Job nur so lange sicher ist, wie Sie in ihm funktionieren. Und dies hat zur Folge, dass Sie immer offen für Alternativen sein sollten. Also: Hören Sie niemals auf, die Stellenanzeigen in der Zeitung zu lesen (Sie müssen es ja nicht unbedingt am Arbeitsplatz tun!). Halten Sie stets Ihre Augen und Ohren offen, welche Veränderungen sich in Ihrem Bereich ergeben. Müssen Sie sich womöglich weiterbilden? Können Sie woanders mehr verdienen? Finden Sie woanders bessere Arbeitsbedingungen? Empfiehlt es sich vielleicht sogar, Ihrer Karriere insgesamt eine andere Wendung zu geben?

11
Abschied vom Fitnesswahn:
Leben Sie gesund,
aber zwingen Sie sich nicht dazu

»Da will ich nun an euch, liebe Brüder, eine Frage richten, die ihr nach eurem Ermessen beantworten sollt. Was meint ihr wohl: Kann der König von Magadha ohne körperliche Bewegung, ohne ein Wort zu reden, sieben Tage und Nächte, sechs Tage und Nächte, fünf Tage und Nächte oder auch nur einen Tag und eine Nacht sich vollkommen wohl fühlen?«

»Nein. Er kann es nicht.«

»Ich aber, liebe Brüder, kann ohne körperliche Bewegung, ohne ein Wort zu reden, einen Tag und eine Nacht mich vollkommen wohl fühlen. Ich aber, liebe Brüder, kann ohne körperliche Bewegung, ohne ein Wort zu reden, zwei Tage und Nächte, drei Tage und Nächte und auch sieben Tage und Nächte mich vollkommen wohl fühlen. Was meint ihr, liebe Brüder: Wem ist da wohler, dem König von Magadha oder mir?«

»Da ist freilich dem ehrwürdigen Gautama wohler als dem König.«

Also sprach der Erhabene.

Gautama Buddha, »Majjhima Nikaya« (Mittlere Reden)

Wie bei den frühen antiken Philosophen, so finden sich auch bei den buddhistischen Mönchen zahlreiche Vorstellungen von Heilen und Gesundheit, viele von ihnen waren als Ärzte unterwegs. Später geriet diese Tradition etwas in Vergessenheit. Doch geblieben ist, dass man sich in buddhistischen Klöstern sehr wohl auf das Handwerk des Heilens und noch mehr auf die Kunst des Gesundbleibens versteht. Vieles von diesen Lehren besitzt auch außerhalb der Klostermauern seine Gültigkeit.

Nahrung als Medizin

Für Gautama Buddha war für den Erhalt der Gesundheit vor allem eine Sache von Bedeutung: die Ernährung. Einigen Nahrungsmitteln bescheinigte er sogar einen medizinischen Wert, und hierbei hob er vor allem den mit Honig versetzten Milchreis hervor. Der Genuss dieser Speise gewährt seiner Ansicht nach viele gesundheitliche Vorzüge:
»Zehn Dinge verleiht sie ihm:
Leben und Schönheit, Ausgeglichenheit und Kraft.
Sie vertreibt Hunger, Durst und die Winde,
Sie reinigt die Blase und fördert die Verdauung.
Diese Medizin wird vom Wohltäter gepriesen.«

Wenn Sie tatsächlich Nutznießer der gesundheitlichen Vorzüge von Milchreis sein wollen, sollten Sie weniger auf die fertig gemischten Milchreisprodukte setzen als auf die eigene Zubereitung. Etwa nach folgendem Rezept für das Frühstück (für zwei Portionen):

Zutaten:
150 g Rundkornreis
500 ml Vollmilch
1 EL Honig oder Agavendicksaft
1/2 Stange Bourbonvanille
etwas Salz
eingelegte Pflaumen oder Sauerkirschen

Zubereitung:
Den Reis gründlich waschen.
Die Milch mit Reis, Honig oder Agavendicksaft, etwas Salz und dem Mark der Vanilleschote in einem Topf verrühren.
Alles zusammen aufkochen, auf kleiner Hitze 20 Minuten weiter köcheln lassen.
Den Milchreis in Schälchen verteilen und dazu das Obst reichen.

Zu den weiteren wichtigen Nahrungsmitteln zählte Gautama Buddha das Butterreinfett Ghee (es ist mittlerweile auch hierzulande in Naturkostläden oder asiatischen Lebensmittelgeschäften zu finden) sowie frische Butter, Öl, Honig und Sirup vom Zuckerrohr. Diese Liste macht deutlich, dass man zu Gautama Buddhas Zeiten vor allem die Zufuhr von Kohlenhydraten pflegte, im Unterschied zur heutigen Zeit, in der mehr Eiweiß und Fette im Vordergrund stehen.

Vegetarismus ist kein Muss

Buddhisten werden gern als strenge Vegetarier dargestellt, doch diese Darstellung ist nicht ganz richtig. Für die Mönchsgemeinschaft, den *sangha*, erlaubte Gautama Buddha mäßigen Fleisch- und Fischgenuss. Er selbst aß allerdings wohl kein Fleisch. Erst kurz vor seinem Tod ließ er sich eine Portion Fleisch servieren. Er war mit einigen seiner Anhänger von einem Schmied eingeladen worden, und der ließ große Mengen an Speisen auftischen, darunter auch Schweinefleisch. Gautama sagte daraufhin dem Gastgeber: »Gib von dem Schweinefleisch nur mir, und trage den anderen die übrigen Speisen auf.« Schon wenig später wurde er von Leibschmerzen und starken inneren Blutungen heimgesucht. Ein paar Stunden später war Gautama Buddha tot und nach buddhistischer Vorstellung ins Parinirwana eingegangen.

Über dieses letzte Schweinefleisch-Erlebnis von Gautama kann viel spekuliert werden. Möglich, dass er seinem Ableben, dessen Nähe er wahrscheinlich schon spürte, mithilfe des Fleischgerichts eine kleine Hilfe geben wollte. Man sollte den Umstand, dass Gautama im direkten Anschluss an ein Fleischgericht starb, nicht überbewerten. Im täglichen Leben war er kein radikaler Verächter des Fleischverzehrs und erst recht kein Verächter von Fleischessern. Gautama wählte auch hier den Weg der Mitte, wichtig war für ihn vielmehr, dass man keine Völlerei praktizieren sollte.

Das Tao des Teetrinkens

Die buddhistische Philosophie hat eine enge Beziehung zum grünen Tee. Dabei dient das Getränk nicht nur als Medium, um bestimmte Meditationen oder Zeremonien zu verfeinern. Durch seine spezifischen Wirkungen hat er viel dazu beigetragen, dass sich das buddhistische Denken in genau der Weise entwickelt hat, wie wir es heute kennen. Die japanischen, koreanischen und chinesischen Philosophen haben ihrerseits den grünen Tee geadelt, indem sie dafür sorgten, dass er sich vom reinen Heilmittel über ein Alltagsgetränk zu einer starken kultur- und geistesfördernden Kraft entwickelte. Mit anderen Worten: Asiatisches Denken ist nicht ohne den grünen Tee, und der grüne Tee ist nicht ohne das asiatische Denken vorstellbar. Beide gehören zusammen, sind isoliert voneinander eigentlich nicht zu verstehen.

Besonders eng wurden die Verbindungen zwischen Philosophie und grünem Tee in Korea geknüpft. Dort zählt noch heute das Teetrinken zur Kultivierung von wertvollen Tugenden wie Gleichmut, Ruhe, Harmonie, Reinheit, Klarheit, Schlichtheit und Maßhalten. Das Einhalten der Teezeremonie ist allerdings in Korea weniger wichtig als in Japan, wo man die strengen Teerituale auch deswegen schätzt, weil sie den Menschen disziplinieren und zur Rücknahme individueller Eitelkeiten anhalten. Koreanischen Vorstellungen gemäß dominiert eher der Zusammenhang von grünem Tee und Meditation. So erklärt der Philosoph Pöpchöng Sunim:

»Tee gilt als ein Weg (Tao), weil er zu den Dingen gehört, die man über das Gefühl und nicht durch verbale Instruktionen zu würdigen lernt. Nur wer einen Zustand von Gelassenheit bewahren kann, wird auch fähig sein, die dem Tee innewohnende Ruhe zu würdigen. Ein aufgeregter Mensch wird niemals die Stille des Tees erkennen. Aus diesem Grund heißt es: Tee und Meditation haben *einen* Geschmack.«

Ähnlich argumentiert Kwangsök, ebenfalls ein Philosoph aus Korea:

»Wie kann man über Tee sprechen, ohne etwas von Meditation zu verstehen? Denn Tee und Meditation hinterlassen denselben Geschmack – den Geschmack von Liebe und Mitgefühl, die das Endergebnis von Harmonie und Gleichmut sind.«

Worin liegt nun der besondere Gleichklang von Meditation und grünem Tee? Bei beidem geht es darum, da zu sein, wo man gerade ist, und nicht darum, an einen anderen Ort zu kommen. Erhöhung der Aufmerksamkeit und gleichzeitig der Fähigkeit zur Entspannung – genau in diesem Mechanismus treffen sich Meditation und grüner Tee. Anregende Stoffe wie Koffein oder beruhigendentspannende Stoffe wie Thiamin finden sich im grünen Tee genau in der richtigen Zusammensetzung. Seine Gerbstoffe sorgen dafür, dass der Teetrinker mittels der Zubereitung genau dosieren kann, ob er mehr Anregung oder aber Entspannung erfahren wird. Bei dreiminütigem Ziehen-Lassen eignet sich Tee als Muntermacher für den Morgen; er sorgt dann dafür, dass man über lange Zeit hochkonzentriert arbeiten kann, ohne dabei in Stress zu verfallen. Lässt man ihn hingegen fünf bis acht Minuten ziehen, betont er die Entspannung und mobilisiert unseren »Abendgeist«, der die Gedanken an sich vorbeifliegen und sie ungezwungen miteinander kombinieren lässt.

Doch auch der Geschmack des grünen Tees trägt zur natürlichen Versöhnung von Aufmerksamkeit und Entspannung bei: Er ist viel feiner als der von Bier, Kaffee, Schokolade, Limonade oder koffeinhaltigen Erfrischungsgetränken wie Coca-Cola, eignet sich daher aber nicht für den kulinarischen Genuss für zwischendurch. Der bekannte Zen-Meister Kyonbong Sünim schrieb: »Im Geschmack einer einzigen Tasse Tee wird man die Wahrheit aller zehntausend Formen des Universums entdecken. Es fällt schwer, diesen Geschmack in Worten auszudrücken oder auch nur eine Andeutung davon zu geben.«

Grüner Tee ist weder eindeutig süß noch sauer noch salzig, selbst seinen Bitterstoffen fehlt die Eindeutigkeit, dass man ihn mit aller Sicherheit den bitteren Getränken zuordnen könnte. Sein Geschmack erschließt sich nicht aus der ersten Tasse, sondern aus einer jahrelangen Erfahrung, die man im Umgang mit ihm erhält. Den Wissenschaften ist mittlerweile der Nachweis von über 400 Aromastoffen im grünen Tee gelungen. Eine gewaltige Zahl, die zeigt, wie weit seine Duft- und Geschmackspalette sein kann. Erschließen kann sich diese Palette freilich nur demjenigen, der ihn – losgelöst vom aufreibenden Alltag – in voller Aufmerksamkeit genießt.

Die Zubereitung von grünem Tee

Zeremonien nicht nötig
Teezeremonien spielen gerade im Zen-Buddhismus eine große Rolle. Doch sie sind – wie auch Zen-Mönche selbst betonen – nicht unbedingt notwendig. In koreanischen Klöstern verraten lediglich die Gesten und Haltungen der Mönche, dass sie dem Zubereiten und Trinken von Tee eine große Bedeutung beimessen. Ansonsten trinken sie den grünen Tee nach ihren Worten regelmäßig nach dem Essen, »denn warum sollte man ihn anders trinken, als man Wasser trinken würde?«

Zubereitung ohne Kanne
Auf das Wesentliche reduziert sowie Geschirr und Zeit sparend ist die Zubereitung des Tees direkt in der Tasse. Die medizinischen Vorzüge des grünen Tees kommen dabei voll zur Geltung.

Das Wasser wird in einem Kessel kurz aufgekocht und fünf Minuten zum Abkühlen stehen gelassen. Einen gestrichenen Teelöffel mit grünen Teeblättern in die Tasse (150 ml) geben und mit dem Wasser übergießen. Nach zwei bis drei Minuten können Sie einfach vom Blatt weg trinken, das heißt, die Blätter verbleiben in der Tasse, werden auch nicht umgerührt. Sie können den Aufguss noch zweimal wiederholen, das Wasser muss dazu nicht noch einmal erhitzt werden.

Die klassische Zubereitung

Sie sorgt für vollendeten Genuss und die optimale Entfaltung der Wirkstoffe.

Kanne und Tassen werden mit warmem Wasser gefüllt, um sie auf die richtige Temperatur zu bringen. Dann wird das Teewasser im Kessel kurz aufgekocht und fünf Minuten zum Abkühlen stehen gelassen.

Die mit warmem Wasser gefüllte Kanne entleeren und den grünen Tee hineingeben. Dosierung: pro Tasse einen gestrichenen Teelöffel, ab fünf Tassen einen gestrichenen Teelöffel pro Tasse plus einen gestrichenen Teelöffel für die Kanne. Schließlich das heiße Wasser hinzugeben.

Die vorgewärmten Tassen entleeren. Den Tee je nach Bedürfnis ziehen lassen. Bei zwei bis drei Minuten wirkt er stark anregend, sein Aroma bleibt hingegen eher mild. Bei drei bis acht Minuten dominiert das Aroma, die anregende Wirkung fällt eher mäßig aus und wird auf eine längere Zeit gestreckt.

Dann ist es so weit: Der Tee wird aus der Kanne in die Tassen gegossen. Füllen Sie henkellose Tassen lediglich zu drei Vierteln, denn Sie und Ihre

Gäste sollen sie ja problemlos am oberen Rand halten können!

Die Teeblätter verbleiben in der Kanne; sie können für einen zweiten und dritten Aufguss wieder verwendet werden. Da sie bereits reichlich Wasser aufgenommen haben, brauchen die nachfolgenden Aufgüsse nur noch ein bis zwei Minuten zum Ziehen.

Wenn der beruhigende Effekt dominieren soll
Kanne und Tassen werden wie bei der klassischen Methode vorgewärmt, das Teewasser genauso aufgekocht und zum Abkühlen stehen gelassen, auch die Dosierung bleibt dieselbe. Den ersten Aufguss lassen Sie eine Minute ziehen, um ihn gleich wieder fortzuspülen. Den zweiten Aufguss lassen Sie drei Minuten ziehen, bevor Sie ihn trinken. Er enthält nur noch wenig Koffein, dafür aber umso mehr koffeinbändigende und magenfreundliche Gerbstoffe.

Diese Methode des Teewaschens ist vor allem in China üblich.

Wenn der anregende Effekt dominieren soll
Kanne und Tassen werden wie bei der klassischen Methode vorgewärmt, das Teewasser genauso aufgekocht. Dann wird es jedoch bis auf etwa 60 Grad (dauert zehn bis 15 Minuten, je nach Kessel) abgekühlt. Auch die Dosierung ist etwas anders, nehmen Sie einen gehäuften Teelöffel pro Tasse. Der erste Aufguss zieht gerade einmal 60 bis

90 Sekunden, um dann sogleich getrunken zu werden.

Diese Methode des anregenden Kurzaufgusses trifft man vor allem in Japan an.

Zubereitung nach dem Ch'a Shu

Das Ch'a Shu ist ein altes chinesisches Handbuch, das sich mit grünem Tee beschäftigt. Es stammt aus der Zeit der Ming-Dynastie (14. bis 17. Jahrhundert).

Das Wasser wird kurz aufgekocht und sofort in die Kanne gegossen. Erst dann werden die Teeblätter hinzugefügt. Die Dosierung: Ein gestrichener Teelöffel pro Tasse. Der Deckel der Kanne wird geschlossen. »Dann wartet man so lange«, erklärt das Ch'a Shu, »wie es dauert, dreimal ein- und auszuatmen, ehe man den Tee in die Tassen gießt.« Aus den Tassen wandert er dann noch einmal in die Kanne zurück, um auf diese Weise das Aroma freizugeben. Noch einmal »drei Atemzüge warten«, bis der Tee schließlich eingeschenkt und verzehrt wird.

Das Besondere an der Ch'a-Shu-Methode: Die Blätter werden in die Kanne mit dem kochenden Wasser geworfen, der Tee wird aus der Kanne in die Tassen und wieder zurück gegossen, bevor er zum Verzehr ausgeschenkt wird. Was bei diesem Verfahren genau mit den Inhaltsstoffen des grünen Tees geschieht, ist schwer nachvollziehbar. Tatsache ist jedoch, dass der Ch'a-Shu-Tee sehr frisch und sehr aromatisch schmeckt.

Bewegung: Lust auf Leistung

Körperliche Bewegung war für Gautama keine Bedingung, um gesund zu bleiben. Er selbst fühlte sich – wie schon das obige Zitat aus den »Mittleren Reden« zeigt – auch ohne Bewegung kerngesund. Aus heutiger Sicht der Sportmedizin kann freilich der gesundheitliche Wert von regelmäßigem Sport nicht mehr geleugnet werden. Nicht zu leugnen ist allerdings auch, dass Sport in vielen Fällen zu Erkrankungen führt, die ohne ihn nicht da wären. Man denke nur an die unzähligen Skiunfälle oder Verletzungen beim Fußball, aber auch an die Knochen- und Muskelverschleißerscheinungen, die durch Leistungssport provoziert werden.

Jetzt könnte man natürlich sagen, dass das Heil im mäßigen und fitnessorientierten Hobbysport liegt. Nach dem Motto: Wenn ich Sport nur entspannt unter gesundheitlichen Vorzeichen betreibe, wird er mir schon nicht schaden, sondern nutzen. Doch das entspricht leider nicht der Wahrheit. So zeigen Untersuchungen der Sporthochschule Köln, dass jene Jogger, die beim Laufen von Gesundheitsmotiven geleitet werden, viel schlechter zur Entspannung finden als Jogger, die unter Leistungsmotiven trainieren. Der Herzschlag der Fitnessjogger bleibt in der Regel recht hoch, Stresshormone kursieren bei ihnen deutlich länger als bei leistungsorientierten Athleten.

Die Kölner Studien belegen eine alte medizinische Erfahrung: Der entschiedene Wille zur Gesundheit boykottiert oft das Erreichen von Gesundheit. Genauso wie ein Mensch nicht glücklich werden kann, wenn er mit aller Kraft glücklich werden will. Glück und Gesundheit hängen zum großen Teil davon ab, dass man sie in ihrer Entwicklung gewähren lässt, sie nicht fortwährend zu kontrollieren sucht. Mit anderen Worten: Wer sich bei seinem Lauftraining immer wieder kleine Leistungs- und Trainingsziele setzt, wird wahrscheinlich gesünder damit werden als derjenige, der – obwohl ihn keine Herz-Kreislauf-Krankheit dazu zwingt – stets mit seinem Pulsmessgerät auf Achse ist und penibel auf seinen aktuellen Gesundheitszustand achtet.

Das gesündeste Verhältnis zum Sport haben aber laut wissenschaftlichen Studien wahrscheinlich jene, die gar nicht sonderlich merken, dass sie eine Art von Leistungssport betreiben. In diesem Zusammenhang fällt mir die Geschichte eines Polizeibeamten ein, den wir im Rahmen einer Studie zum Thema »Bewegungsmangel in Behörden« befragten. Er war bei seinen Kollegen beliebt und respektiert für seine ausgeglichene Wesensart (man nannte ihn auf seiner Wache sogar »Little Buddha«) und für seine geringen Fehlzeiten. Es konnte sich jedenfalls keiner daran erinnern, dass der Mann jemals krank gewesen wäre. Auf unsere Fragen hin behauptete er jedoch voller Überzeugung, keinen Sport zu treiben. Er wäre auch ohne ihn gesund. Die anwesenden Polizisten mussten freilich über diese Antwort schmunzeln, wussten sie doch, dass ihr Kollege täglich mit dem Fahrrad zur Arbeit kam, und das hieß: morgens eine Stunde hin, und abends eine Stunde zurück ...

Gesundheit: Sie müssen nicht alles wissen

Was für den Sport gilt, gilt auch für die Gesundheitsvorsorge. Auch hier ist das Nicht-Wissen oft besser für die Gesundheit als das pedantische Alles-Wissen. Zwar haben die modernen Analyse- und Diagnoseinstrumente der Menschheit großen Nutzen gebracht, doch oft führen sie nicht zu einer Heilung einer Krankheit, sondern bewirken genau das Gegenteil.

Wie etwa beim Prostatakrebs. Seit den frühen neunziger Jahren setzt man hier auf den so genannten PSA-Test, bei dem mittels eines Antigennachweises die Krankheit frühzeitig diagnostiziert werden kann. Doch seit seiner Einführung hat sich die Zahl der Todesfälle durch Prostatakrebs in den USA mehr als verdoppelt. Der Grund: Die betroffenen Männer sind von der Diagnose derart erschüttert, dass ihr Immunsystem zusammenbricht und der Prostatakrebs sein verheerendes Werk leichter vollenden kann. Ganz abgesehen davon, dass die Patienten oft mit Medikamenten behandelt werden, die eine Reihe von Nebenwirkungen haben.

Fazit
Wer sich gesund fühlt, gehört zum Leben, nicht zur
Vorsorge. Auch in Bezug auf die Gesundheit kann es
nicht schaden, sich im entspannten Nicht-Anhaften
zu üben.

Die Kunst der Vergegenwärtigung

Unbestritten ist mittlerweile, dass Meditation eine
ganze Reihe von gesundheitlichen Vorzügen besitzt. Ihre Effekte werden jedoch noch größer, wenn
man sie mit der Technik der Vergegenwärtigung
verbindet.

Unter Vergegenwärtigung versteht man das
geistige Herbeiholen und Festhalten bestimmter
Bilder, um ihre Wirkungen auf das Bewusstsein
festzuhalten. Am besten beginnen Sie mit einer
der beiden Meditationen, wie sie in Kapitel 5
beschrieben sind. Wenn Sie nach einigen Minuten glauben, eine gewisse Entspannungstiefe
erreicht zu haben, drehen Sie die Augäpfel auf
und ab. Sie erzielen diese Augenstellung beispielsweise, indem Sie – ohne den Kopf zu heben –
Ihren Zeigefinger fixieren, den Sie etwa zehn
Zentimeter vor Ihre Stirn halten. Diese Augen-
position wird auch in Hypnosesitzungen eingesetzt, man weiß von ihr, dass sie zu einer verstärk-

ten Trance sowie zu einer gesteigerten bildlichen Vorstellungskraft führt.

Jetzt stellen Sie sich eine angenehme Naturlandschaft vor, etwa einen sanft glucksenden Bach in einer Wiese oder sanfte Wellen an einem Südseestrand. Lassen Sie sich Zeit damit, die Szene in sich aufzubauen. Dann vergegenwärtigen Sie sich Ihr spezifisches Gesundheitsproblem. Leiden Sie beispielsweise immer wieder unter Spannungskopfschmerzen, können Sie sich vorstellen, wie Ihr Kopf in einer Schraubzwinge festgehalten wird. Leiden Sie immer wieder unter kalten Füßen, können Sie sich vorstellen, wie Ihre Füße in einem Sektkübel mit Eiswürfeln stehen. Wichtig ist, dass Sie sich Ihr spezifisches Gesundheitsproblem so vorstellen, wie es konkret von Ihnen empfunden wird.

Als Nächstes malen Sie sich aus, wie die beste Lösung für Ihr Problem aussehen könnte. Für Ihre Spannungskopfschmerzen beispielsweise dergestalt, dass die Schraubzwinge um Ihren Kopf mit jedem Ausatmen ein Stück gelockert wird. Für Ihre kalten Füße beispielsweise dergestalt, dass die Eiswürfel in dem Sektkübel mit jedem Ausatmen Stück für Stück durch warme weiche Brotstücke ausgetauscht werden.

Der Phantasie sind keine Grenzen gesetzt. In der psychosomatischen Medizin finden sich Berichte über Krebspatienten, die sich ihren Tumor als Blumenkohl oder als Frikadelle und ihre Strahlentherapie als kleine Energiekugeln vorstellten, unter deren Beschuss die »Frikadellen-« oder »Blumenkohltumore« zertrümmert wurden.

Das Geheimnis der Vergegenwärtigung besteht darin, dass sie sich den Kreativität fördernden Entspannungseffekt der Meditation zunutze macht und dadurch gesundheitliche Probleme in einer bildlichen und symbolischen Art darstellt, die nicht nur von Großhirn und Bewusstsein, sondern auch von tiefer gelegenen Hirn- und Bewusstseinsschichten verstanden werden – mit der Folge, dass der Organismus seine Selbstheilungskräfte mobilisiert. In einigen Experimenten konnte eindrucksvoll gezeigt werden, wie sinnvoll der Einsatz meditativer Vergegenwärtigung für die Therapie von Krankheiten wie Kopfschmerzen, Durchblutungsstörungen und Herz-Kreislauf-Erkrankungen sein kann.

Noch wichtiger ist allerdings die Rolle der Vergegenwärtigung in der Vorbeugung. Denn wer sie regelmäßig anwendet, bekommt ein besseres Gespür für seinen Körper, er bemerkt leichte Fehlfunktionen, *bevor* sie sich zu therapiebedürftigen Krankheiten ausgewachsen haben.

Nachwort

Beschreiten Sie den Weg der Mitte

Wie zu allen Themen präsentiert sich Buddha auch in Bezug auf die Gesundheit wieder einmal als ein »Prophet der Mitte«. Übergewichtige Couch-Potatoes, die sich jeden Tag höchstens für den Weg zum Büro und zurück aus ihren Sesseln und Sitzgarnituren bewegen, sind ihm suspekt. Doch in gleicher Weise würde Buddha fanatische Extremsportler kritisieren, die ihre Urlaube in den schönsten Gegenden der Welt mit nichts anderem verbringen, als den ganzen Tag joggend oder radelnd steile Berge hinaufzuhecheln. Vorbei an hundertjährigen Opas und Omas, die dort, gewissermaßen als »buddhistisches« Gegenstück, gemütlich vor den Tavernas sitzen und sich einen Café mit einer Schale Nüssen schmecken lassen.

Bleibt die Frage aller Fragen, ob wir es als eingefleischt abendländische Menschen überhaupt schaffen können, auf den Spuren Buddhas zu wandeln. Wir haben ja schon Schwierigkeiten damit, uns wie viele südländische Kulturen gemütlich irgendwo hinzusetzen und den Tag einen Tag sein zu lassen. Doch auch für dieses Problem hat der Buddhismus einen Lösungsvorschlag parat, denn wie heißt es so schön im Zen-Buddhismus: »Der Weg ist das Ziel.« Wer niemals die Auseinandersetzung mit Buddha beginnt, wird ihn auch niemals begreifen und erleben können. Und wer damit beginnt, wird dennoch Gefahr laufen, möglicherweise zu scheitern. Doch allein auf dem Weg dorthin werden sich ihm viele und tiefe Erkenntnisse auftun, die das Leben zuvor nicht bieten konnte.